UN CŒUR VASTE COMME LE MONDE

Vivre avec Conscience, Sagesse, et Compassion

Publié aux Etats-Unis par Shambhala
sous le titre : A Heart as wide as the world

ISBN : 2-7029-0370-3

SHARON SALZBERG

UN CŒUR VASTE COMME LE MONDE

Vivre avec Conscience, Sagesse, et Compassion

TRADUIT DE L'ANGLAIS PAR BERNARD DUBANT

LE COURRIER DU LIVRE
21, rue de Seine
75006 - PARIS

C'est la compassion qui enlève la lourde barre, ouvre la porte à la liberté, rend le cœur étroit aussi vaste que le monde. La compassion ôte du cœur le poids inerte, la lourdeur paralysante ; elle donne des ailes à ceux qui s'attachent aux terres basses du soi.

NYANAPONIKA THERA

Table des Matières

Troisième Partie
Aimer avec Sagesse et Compassion

Remerciements

Je tiens tout d'abord à remercier Sa Sainteté le Dalaï Lama du Tibet, Aung San Suu Kyu de Birmanie, et tous mes maîtres, dont la plupart des noms apparaissent dans ces pages.

J'aimerais aussi remercier Sam Becholz, qui me suggéra d'écrire un autre livre, et Peter Turner, qui le rendit possible au commencement, au milieu, et à la fin.

Ce livre a été inspiré par plusieurs conversations importantes, notamment avec Alice Walker. D'autres entretiens sur la spiritualité avec Tara Bennett-Goleman, Mirabau Bush, Gary Cohen, Ram Dass, Carol Densmore, Amy Elisabeth Fox, Joseph Goldstein, Dan Goleman, Pail Goreman, Enif Gorman, Colin Greer, Joan Halifax, et Jai Lakshman ont enrichi ma compréhension de multiples façons.

La direction éditoriale et visionnaire de Shoshana Alexander fut décisive pour le livre ; c'est elle qui m'a en outre appris à écrire. Je veux aussi remercier Kate Wheeler pour avoir tiré l'essence de certaines de mes histoires ; et David Berman pour tant de choses, dont : me dire que la voie du milieu était comme un objet fractal, être un génie en électronique, et avoir passé la plus grande partie de la nuit à faire la disquette. Aussi, Hal Ross pour la même dernière nuit, pour s'être révélé un merveilleux éditeur, et pour son magnifique sens du service.

Beaucoup de personnes m'ont aidée de façon importante pendant cette période d'écriture ; citons : Seymour Boorstein, Amy Schmidt, Martha Ley, Sarah Doering, Sunanda Markus, Chris Desser, Anne Millikin, et John Friend. Eric McCord m'a beaucoup aidée à clarifier le texte, et à mettre en ordre le flux de mes idées. Un nombre de personnes trop important pour dresser la liste de leurs noms, m'ont aidée à trouver un titre pour ce livre – tout spécialement, Steve Armstrong et Pyoshin Kelley. Le nom de plusieurs de mes amis apparaît dans les histoires que je raconte – Joseph Goldstein, Kamala Masters, et Sylvia Boorstein, qui me donnèrent la permission de faire figurer leurs noms. Il y a aussi des histoires concernant d'autres personnes, dont : Susan Harris, Maggie Spiegel, Gina THompson, David Berman, Ram Dass, Kate Wheeler, Catherine Ingram, Daeja Napier, Ashley Napier, Wayne Muller, Larry Rosenberg, Ann Buck, Mitch Kapor, et Meg Quigley. Il est merveilleux d'avoir pu passer du temps avec eux.

Introduction

Dès le début de ma pratique du Bouddhisme, je me suis sentie puissamment attirée par la possibilité de trouver un mode de vie qui fût paisible et authentique. A cette époque, ma propre vie était largement caractérisée par la peur et la confusion. Je me sentais séparée des autres et du monde alentour, et même curieusement déconnectée de ma propre expérience. Le monde dont je faisais l'expérience était très dualiste : moi et l'autre, nous et eux. Cette vision des choses accroissait ma peur, ce qui naturellement accroissait ma souffrance.

En entrant dans la voie bouddhiste, j'ai vu qu'il était possible de se libérer des sentiments de séparation et de défensivité – que l'on pouvait vivre avec une unité de connexion, et un cœur libéré. La vie du Bouddha fut l'incarnation de cela. La sagesse et la compassion guidaient constamment ses actions, qu'il fût seul ou en compagnie, qu'il menât sa vie errante à travers l'Inde, qu'il enseignât ou qu'il méditât, qu'il fût avec ceux qui l'admiraient, ou avec ceux qui le calomniaient. Il semble qu'aucune circonstance ne pouvait limiter sa compassion ; il avait réellement un cœur vaste comme le monde.

L'essence de l'enseignement du Bouddha est que nous avons tous la même aptitude à la compassion et à la paix. Ce potentiel n'est ni abstrait ni lointain, n'est pas quelque chose qui ne fut accessible qu'à ceux qui vivaient il y a bien longtemps, dans un lointain pays. Une vie de connexion et d'authenticité est intégralement réalisable, pour nous, maintenant. Découvrir que notre cœur est assez vaste pour embrasser le monde entier de l'expérience – aussi bien agréable que douloureuse – est la base de la voie spirituelle, et avec cela, viennent une liberté et un bonheur extraordinaires. Cette façon de vivre est magnifiquement décrite par le poète Rilke :

> Je mène ma vie par cercles grandissants
> qui traversent l'univers.
> Il se peut que je n'achève pas le dernier,
> mais je fais de mon mieux pour y parvenir.

Quand nous nous vouons à la pratique de l'attention consciente, de la sagesse, et de la compassion, nos modèles habituels d'attachement et de séparation sont vus pour ce qu'ils sont : des erreurs douloureuses, et non nécessaires. Cette réalisation ôte la lourdeur de nos cœurs, de sorte que nous puissions rencontrer n'importe quoi sans être envahis par des sentiments d'aliénation et de séparation. Nous pouvons commencer à vivre d'une façon qui permet à nos cœurs d'inclure au lieu d'exclure, de s'ouvrir au lieu de se resserrer, d'aller de l'avant avec l'énergie de la sollicitude aimante, au lieu d'être retenus par l'illusion de la séparation. Nous pouvons commencer à vivre d'une façon qui soit coextensive à notre extraordinaire potentiel – celui d'être vraiment éveillé. Ce potentiel est la vérité qui repose au cœur de la vie et des enseignements du Bouddha. Cette vérité est aussi notre vérité. Le cœur non attaché du Bouddha peut être aussi le nôtre.

Mon souhait est que ce livre puisse vous encourager à imprégner votre vie d'attention, de sagesse et de compassion, grâce à la pratique, de façon que vous puissiez apprendre que votre cœur peut devenir vaste comme le monde. Pour paraphraser Rilke : vous n'avez besoin que de faire de votre mieux.

PREMIÈRE PARTIE

L'ESPRIT DE MÉDITATION

Dans la pratique de la méditation, nous explorons les moyens de nous reporter à nos motivation et à nos expériences pour changer. Nous considérons le degré de concentration, d'attention, et d'amour, que nous consacrons à tout ce qui arrive dans nos vies. Nos efforts dans la méditation sont dirigés vers l'ouverture, vers la connaissance de ce que nous sentons, vers l'éveil à la souffrance et à la joie que nous rencontrons. C'est la méditation en tant que façon de vivre, que façon de reprendre nos vies, de manière que nous puissions nous réjouir dans notre intégrité retrouvée, dans la joie et la paix, qui naissent de la compréhension de la vérité de ce que nous sommes.

«J'ai Ce Dont Vous Avez Besoin»

DANS LE VIEUX QUARTIER de Jérusalem, il y a un magnifique marché ouvert. C'est un lieu fourmillant de vie – un déluge d'images et de sons, et de marchandises à vendre. Quand j'enseignais dans ce pays, je m'y rendis avec des amis. Alors que nous marchions dans une allée, un marchand m'interpella : «J'ai ce dont vous avez besoin !» Je sentis un frisson parcourir mon corps entier. «Oh ! Il a ce dont j'ai besoin !» Je m'arrêtai, fis demi-tour, et me dirigeai vers lui. Alors j'ai pensé : «Attends un peu. D'abord, je n'ai besoin de rien, et ensuite, comment sait-il qu'il a ce qu'il me faut ?»

De multiples façons, le monde nous interpelle tout le temps. «J'ai ce qu'il vous faut ! J'ai ce dont vous avez besoin !» En réaction, nous intériorisons ces voix ainsi : «J'ai besoin. J'ai besoin de quelque chose. Je suis en état de manque, de privation.» Nous devenons alors semblables à des personnages de dessin animé, les yeux jaillissant hors de leurs orbites, comme s'ils étaient montés sur ressort. «Où est-elle ? Où est-elle, cette chose dont j'ai besoin ?» Nos bras se tendent, s'allongent... Les doigts deviennent crochus, essayant de saisir tel ou tel objet. Notre regard est fixé sur l'objet désiré, pour que nous ne le perdions pas de vue. Nos corps se penchent, anticipant l'appropriation. Quel gâchis !

Et pourtant nous tendons le bras encore et toujours, croyant les voix. Ce mouvement, ce bras constamment tendu, est ressenti comme une tension du corps et du mental. «J'ai ce que vous voulez», nous dit la voix. «Vous n'avez pas ce dont vous avez besoin. J'ai ce qu'il vous faut.» Mais, de quoi avons-nous réellement besoin ?

C'est une vérité que tous les êtres veulent être heureux. Nous voulons nous sentir chez nous dans nos vies. Nous voulons nous sentir ressortissant à quelque chose de plus grand que le sens limité de notre identité. Nous avons besoin d'un sentiment intérieur d'abondance, de la capacité de donner aux autres. Nous avons besoin de la connaissance épanouissante de notre connexion avec tout ce qui vit. Mais avec notre habitude de tendre la main pour satisfaire nos besoins, nous oublions le lieu où notre satisfaction la plus profonde réside. Un texte tibétain l'exprime ainsi : «Dans la maison du pauvre, il y a d'inépuisables trésors, mais le pauvre ne le réalise jamais, et les trésors ne disent jamais 'je suis ici'. De même, le trésor de notre nature originelle, qui est naturellement pure, est emprisonné dans le mental ordinaire, et l'être souffre de pauvreté.»

Toutes ces voix nous éloignent de la connaissance de ce que nous avons déjà ce dont nous avons besoin. Quand nous pratiquons la méditation, nous découvrons le trésor de notre nature originelle. Nous apprenons à nous débarrasser de cette cacophonie, qui nous parle de notre apparente pauvreté. Nous apprenons à ne pas nous faire prendre en essayant de nous emparer de choses dont nous n'avons jamais eu besoin auparavant.

Quand nous pratiquons la méditation, nous voyons que nous pouvons déposer le fardeau que nous portons depuis si longtemps. Le poète Rumi dit : «Pendant combien de temps encore remplirons-nous poches de poussière et de cailloux, comme des enfants ? Laissez partir le monde. Si nous le retenons, nous ne nous connaîtrons jamais nous-mêmes, nous ne nous envolerons jamais.» Quand nous pratiquons la méditation, nous lâchons prise. Nous lâchons prise à notre accoutumance à certaines choses et expériences, nous relâchons notre croyance en les voix qui nous appellent. Nous laissons partir les idées limitées que nous nous sommes faites au sujet du bonheur, de notre identité, et de nos besoins. Découvrant le trésor de notre nature originelle, nous pouvons nous envoler. Nous pouvons être libres.

S'éveiller à la vie

IL Y A PEU, l'un de mes amis, qui jouissait d'une très bonne santé, contracta une terrible pneumonie, et fut à l'article de la mort. Peu après qu'il eut recouvré la santé, j'entendis un message de sa part sur mon répondeur. Alors que j'étais sur le point de l'appeler, le téléphone sonna. Or, il se trouva que ma correspondante était une amie commune. Quand je lui dis que j'avais été sur le point de décrocher pour appeler notre ami, elle répondit : «Sais-tu qu'il a été sur le point de mourir ?» Je lui répondis que je le savais, et nous abrégeâmes notre conversation pour que je puisse appeler notre ami. J'allais prendre mon téléphone, quand la sonnerie se fit entendre encore, et ce fut une autre amie commune qui me parla. A nouveau, je dis à ma correspondante que j'avais besoin de libérer le téléphone pour parler à notre ami, et elle me répondit tout de suite : «Sais-tu qu'il a été sur le point de mourir ?»

Quand je pus enfin joindre mon ami, je lui dis : « Je pense que peux maintenant t'appeler 'Celui qui a été à l'article de la mort'.» Mon ami répondit : «Oh ! Je pense que cela vaut mieux que d'être appelé 'Celui qui a été sur le point de vivre'.»

«Que veux-tu dire par là?, lui demandai-je. Est-ce que tu ne voudrais pas dire quelque chose comme 'Celui qui s'en est presque sorti vivant, mais qui au dernier moment a raté'?»

«Non, me répondit-il; je veux plutôt dire que nous pouvons passer toute une vie presque vivants, au lieu de l'être vraiment.»

Malheureusement, nous pouvons vivre longtemps comme si nous étions déjà morts. Quand nous sommes inconscients et déconnectés, ce qui pourrait être une connexion vivante, vibrant avec tout ce qui vit, avec tous les plaisirs et toutes les douleurs de la vie, devient un naufrage dans la mort, alors que nous sommes encore vivants. La vie devient une «vie virtuelle». Le Bouddha dit : «Ceux qui sont inattentifs, oublieux, sont déjà semblables à des morts». Cependant, certains d'entre nous, qui se sentent presque vivants, et qui ont le désir profond d'être plus pleinement éveillés, viennent à la pratique de la méditation – car pour nous connaître, pour être pleinement vivants, nous avons besoin de cultiver notre pouvoir d'attention.

L'attention met en branle une énergie puissante et vitale en nous. En pali (la langue des textes bouddhistes les plus anciens) le terme qui désigne cette qualité est *tejos* (sanskrit *tejas*). Le mot a plusieurs sens. Il peut signifier «chaleur», «flamme», «feu», ou «lumière», et il a la connotation d'éclat et de gloire. *Tejos* désigne une énergie éclatante, une force, et un pouvoir lumineux.

En pratiquant la méditation, nous produisons un peu de cette splendeur, de cette luminosité, et de ce pouvoir dans les activités d'un jour ordinaire. Nous pratiquons la méditation pour être conscients, attentifs, quoi que nous fassions. Et plus notre conscience est profonde, plus la luminosité est grande. Grâce à la méditation, nous venons à la vie, de façon à ne pas mourir un jour comme «quelqu'un qui a presque vécu».

Pour l'Amour d'un Bouddha

JE PRIS PART à ma première session de méditation à Bodh Gaya, le village d'Inde qui s'est édifié autour de l'arbre sous lequel le Bouddha eut l'illumination. J'avais dix-huit ans, et, ayant pris conscience de ma confusion mentale et de mon manque de bonheur, je me rendis en Inde pour apprendre la méditation. J'étais encombrée du conditionnement de mon enfance et de ma culture – haine de soi, jugement porté sur soi-même, désire d'être autre que ce que l'on est. Je pense que j'espérais secrètement devenir quelqu'un d'autre grâce à la méditation.

Parce que j'étais l'une des plus jeunes Occidentales, quelqu'un me demanda, par curiosité : «Pourquoi pratiquez-vous la méditation ?» La première chose qui me vint à l'esprit, ce fut l'image de Bouddha dans le temple principal près de l'arbre de la Bodhi, et je m'entendis lui répondre : «Je pratique pour avoir l'amour d'un Bouddha, pour que je puisse aimer les autres comme le Bouddha le fit». Je fus tout à fait abasourdie de m'entendre faire une telle déclaration, mais je savais qu'elle venait d'un endroit profond, du plus intime de moi-même.

En voulant avoir l'amour d'un Bouddha, je cherchais fondamentalement l'aptitude à m'aimer moi-même, avant tout, comme je pensais que le Bouddha l'aurait fait – avec une vision claire, mais une entière compassion. En fait, les enseignements du Bouddha sont l'expression de cet amour, l'émanation de sa compassion sans borne. Sans que l'on sacrifie la clarté de la perception, aucun être, aucun aspect d'aucun être, n'est laissé hors de cet espace d'amour. Cet amour est totalement inclusif.

Alors que je me consacrais à la pratique de la méditation, je pus apprendre à maintes reprises que je ne pouvais pas pratiquer correctement si j'étais mue par la haine de moi, l'autocondamnation, ou la saisie hésitante d'un soi autre, imaginaire. La pratique spirituelle motivée par ces facteurs ressemble à une guerre intérieure, une croisade brutale pour un idéal de bonté, sans merci. Je ne pouvais vraiment pratiquer qu'en incorporant mes motivations originelles : m'aimer moi-même et aimer les autres plus parfaitement. Je découvris que le rappel de cela faisait naître les qualités de douceur et d'ampleur.

Quand nous nous jugeons, nous nous engageons sur le chemin de l'évasion et de la dissimulation, parce que la douleur de juger ce qui apparaît dans le mental est trop difficile à supporter. L'un de mes amis participait à la retraite annuelle de trois mois de la *Insight Meditation Society* à Barre (Massachussets). Cette année, notre instructrice Dipa Ma, que tous nous aimions et respections, nous rendit visite pendant la session. Cet ami avait eu plusieurs journées difficiles au cours de la retraite, et il en vint à décider que ce dont il avait besoin, c'était de la quitter, chercher un motel, et regarder un match de football à la télévision. Ce qu'il fit.

Quand il revint – j'en suis sûre, plus heureux que lorsqu'il partit – il se sentit tout à coup pris d'un sentiment de culpabilité, et s'accusa impitoyablement. Il avait très peur de dire à Dipa Ma ce qu'il avait fait. Jour après jours, il vivait dans l'effroi d'avoir à le dire. «Comment puis-je lui dire que j'ai fait cela ? Ça a l'air tellement idiot. Ça fait si minable. Elle va me condamner, et me mépriser, et elle va savoir que je ne suis pas un bon méditant. Comment pourrais-je bien le lui dire ?» Il finit par prendre son courage à deux mains, et se rendit dans la chambre de Dipa Ma. Il s'assit et fit sa confession. Dipa Ma le regarda. Elle tendit les bras, prit sa main, et dit : «Très bien. Maintenant, tu peux reprendre».

C'est l'amour du Bouddha. Imaginez un instant l'état d'esprit qui est assez doux et ample pour voir les choses sans jugement dur, tout en les voyant comme elles sont réellement. Dans cet état d'esprit, il n'y a pas de haine de soi à cause de ses actions, de ses propos, de ses pensées, de ses désirs, ou de ses peurs. Avec l'amour du Bouddha, quand nous observons notre propre monde intérieur, nous ne nous sentons pas honteux, coupables, ou effrayés. De se débarrasser de ces obstacles pour purifier la vision, nous donne réellement le pouvoir d'être courageux et honnêtes dans notre considération de nous-mêmes. Alors, de la compréhension, vient la compassion, au lieu de la haine de soi, et nous pouvons changer le cours de nos vies, et aller vers la libération.

De même, quand nous considérons les autres, nous ne sentons pas de distance ni de haine ; nous voyons clairement et avec une formidable compassion. Nous ne restons pas passifs ou apathiques dans des situations injustes ou douloureuses, mais nous ne sommes plus menés passivement par la force de nos propres jugements. Avec la pratique de la méditation, nous pouvons développer cette aptitude à mieux nous aimer nous-mêmes, et à aimer les autres de façon plus consistante, célébrant l'amour d'un Bouddha, qui est aussi notre merveilleuse potentialité.

Transformer la souffrance

MON INSTRUCTRICE, Dipa Ma, eut à souffrir beaucoup, dans sa vie, et c'est ce qui la conduisit à la pratique de la méditation. Pratiquant avec zèle, elle transforma son chagrin personnel en amour pour tous les êtres. Quand je sus cela, je compris que la souffrance peut servir à nous ouvrir à des vérités qui autrement seraient restées cachées, car nous sommes forcés de passer par des expériences douloureuses pour trouver l'eau pure de la foi et de l'amour en elles. Dipa Ma me montra aussi que la souffrance peut servir à illuminer notre lien avec les autres.

Selon la coutume indienne, Dipa Ma fut l'objet d'un mariage arrangé, alors qu'elle avait douze ans. A quatorze ans, elle quitta ses parents pour rejoindre son mari à Rangoon, où il travaillait dans l'administration birmane. Jeune femme exilée dans un pays étranger, Dipa Ma eut un fort sentiment de solitude, et pleura souvent. Son mari était cependant très gentil, et avec le temps ils se rapprochèrent, et furent amoureux. Leur bonheur fut éprouvé quand il apparut qu'elle ne pouvait avoir d'enfant. La famille de son époux pressa même celui-ci de se séparer d'elle, et de prendre une autre femme. Les années passaient, et Ma Dipa n'était pas enceinte, et elle en conçut une grande honte et un grand chagrin.

Enfin, après vingt ans d'attente, son premier enfant, une fille, naquit, mais elle mourut à l'âge de trois mois. Quatre ans plus tard, une autre fille naquit. L'année suivante, Dipa Ma fut à nouveau enceinte, mais le fils qu'elle eut, et qu'elle ne vit jamais, mourut à la naissance. La mort de ses enfants ébranla fortement la santé de Dipa Ma. Et au moment où elle commençait à se consoler de ces pertes, il lui fut découvert une grave maladie de cœur, et les médecins craignaient qu'elle ne passe d'un moment à l'autre. Alors qu'elle faisait face à sa propre fragilité et à l'éventualité de la mort imminente, son mari, qui avait toujours joui d'une bonne santé, revint un jour du bureau, malade et fiévreux. Et elle eut l'immense tristesse de le voir mourir dans la soirée.

Dipa Ma avait le cœur brisé, et elle crut réellement mourir de chagrin. Elle ne pouvait dormir, mais elle ne pouvait non plus sortir de son lit. Elle était incapable de faire quoi que ce soit, mais elle avait encore un enfant à élever. Un jour, un médecin qui savait à quel point elle était tourmentée, lui dit : «Vous allez mourir si vous ne faites pas quelque chose au sujet de votre mental. Vous devez apprendre à méditer.»

Dipa Ma prit son conseil au sérieux, et le considéra avec attention. Elle décrit le moment où elle se demanda : «Qu'emporterai-je avec moi quand je mourrai ?» Après réflexion, elle se répondit : «J'ai regardé autour de moi. J'ai considéré ma dot – mes saris de soie et mes bijoux en or – et j'ai su que je ne pourrai les emporter avec moi. J'ai regardé ma fille, et j'ai su que je ne pourrai l'emporter. Alors, que pouvais-je emporter ? Et je me dis : 'Allons au centre de méditation. Peut-être y trouverai-je quelque chose que je pourrai prendre avec moi quand je mourrai'.»

A cette époque, Dipa Ma vivait encore en Birmanie. Elle trouva un monastère où elle pouvait pratiquer la méditation, mais sa faiblesse était si grande que c'est en rampant qu'elle dut monter les marches de l'escalier qui menait à la salle de méditation. Mais l'énorme souffrance qu'elle avait dû subir la poussa à consacrer tous ses efforts à la pratique. Alors qu'elle méditait, elle considéra plus profondément ses souffrances, et éprouva une grande compassion pour elle-même et les autres êtres. Sa compassion était l'expression de sa guérison. Par son terrible malheur, Dipa Ma en était venue à comprendre la fragilité de la vie, et le fait que personne n'est exempt de pertes et de douleur. Sa pratique lui apporta la paix.

Dipa Ma devint un maître révéré et profond, avec qui j'eus la chance d'étudier en Inde. Quand elle me dit que je devais revenir aux Etats-Unis et enseigner la méditation, je n'en crus pas mes oreilles. Je ne me sentais pas du tout qualifiée pour être un maître de méditation. Mais elle me rassura en me disant : «Vous comprenez réellement la souffrance ; aussi, vous devez enseigner.»

Quelles que soient les circonstances dans lesquelles je la vis se comporter, Dipa Ma fit toujours preuve d'un amour lumineux, et d'une grande compassion. Sa compréhension profonde de notre vulnérabilité à la souffrance de la vie, semblait avoir exclu tout sentiment d'exclusion de son cœur.

Chaque fois que je considère ce qui m'a poussé à pratiquer, j'ai l'image, impressionnante et inspirante, d'une femme menue, épuisée, foudroyée par le chagrin, qui monte à plat ventre les marches du temple pour apprendre à méditer afin de trouver quelque chose que la mort ne détruise pas. Chaque fois que j'ai du mal à supporter le fardeau de ma propre souffrance, je me souviens de Dipa Ma : la transformation de sa souffrance en une voie d'amour.

Sollicitude Naturelle

UN JOUR, j'eus au téléphone une conversation bouleversante. Je venais juste de passer des examens pour déterminer si une tumeur que j'avais, était bénigne ou cancéreuse. La femme avec laquelle je parlais, que je connaissais à peine, avait le genre de cancer que, je venais de l'apprendre, je n'avais finalement pas. Cela faisait seulement quelques jours que j'avais eu les résultats de mes examens, et quand je lui dis que ma tumeur s'était révélée bénigne, elle laissa éclater sa joie, et me dit : «Sharon, j'ai beaucoup pensé à vous. Je suis très heureuse pour vous.» Cela dépassait la gentillesse ordinaire. Elle aurait pu me dire quelque chose comme : «Je sais combien on peut souffrir quand on craint d'avoir un cancer. J'en ai un moi-même, mais je suis heureuse que vous n'en ayez pas.» Ce genre de commentaire aurait déjà été une preuve de grande compassion. Mais ce qu'elle me dit semblait d'une certaine façon encore plus exceptionnel. Dans sa sollicitude, elle n'occupait pas la position centrale ; sa propre situation n'était pas le point de référence. Dans l'intensité et la pureté de sa sollicitude, elle était simplement ravie que je fusse en bonne santé.

Ce qui me toucha tant, c'est le naturel avec lequel elle me dit cela. Cette qualité de générosité, sans rien de forcé ni de laborieux, est souvent exprimée par des personnes héroïques, comme celles qui risquent leur vie pour des étrangers. Quand on leur demande pourquoi elles agissent ainsi, elles répondent le plus souvent : «Que pouvais-je faire d'autre ?» Leur comportement peut nous sembler, à nous, extraordinaire, mais il est pour eux ordinaire, car il est en harmonie avec leur vision du monde.

Mon instructeur Munindra avait une disciple, une femme du nom de Carol, qui avait travaillé dans la clandestinité en Hollande, aidant des juifs à se soustraire aux Allemands, au cours de la Deuxième Guerre Mondiale. Les Allemands l'avaient arrêtée deux fois, et presque tous ses amis, qui avaient le même genre d'activité, avaient été tués. «J'étais toujours remplie d'une pitié dévorante pour ce monde, avec les injustices, les guerres, la faim, les persécutions, et les cruautés dont souffrent les êtres humains qui le peuplent. Je vivais comme une combattante contre tout ce qui me semblait mal et injuste».

La précision et le naturel de la réponse de Carol ne signifiaient pas que le travail fût facile, ni qu'il n'y eût pas de prix à payer. Elle souffrait en fait de cauchemars récurrents, et de peurs profondément enracinées, depuis trente années. Mais la communication et la sollicitude étaient essentielles à sa vision de la vie, et sa propre intégrité la contraignait à agir en accord avec cette vision.

Nous pouvons prendre l'exemple de Carol, ou de quelqu'un que nous connaissions, et qui lui soit semblable, et considérer que jamais nous ne pourrions avoir la profondeur de la sollicitude dont elle fit preuve. Certaines conditions contribuèrent à ses actions, mais celles-ci provinrent essentiellement de sa vision de la vie – et cette vision, il est possible à chacun de nous de l'avoir. L'Octuple Sentier Noble du Bouddha, qui commence avec la Compréhension Juste, ou la Vision Juste, nous montre que c'est possible. Comme le dit le Bouddha : «De même que l'aube est le premier signe annonciateur du lever du soleil, ainsi la Vision Juste est le précurseur et la première indication des états purs.»

Notre vision des choses modèle nos intentions, qui à leur tour façonnent nos actions. La façon dont nous considérons nos vies est le fondement de la manière dont nous vivons, et agissons. Quand, avec une claire vision, nous saisissons l'interconnexion de tout ce qui vit, et que nous comprenons que nos actions ne sont vraiment pas indifférentes, nous pouvons alors agir avec un altruisme parfaitement naturel.

En pali, le mot pour «anxiété» peut aussi se traduire par «division». Quand nous sommes isolés de nos expériences, que les autres nous semblent étrangers, ou séparés, nous éprouvons de l'angoisse. Quand nous nous fermons, ou que nous nous isolons, nous avons conscience de moins de sentiments, et, naturellement, notre sollicitude s'adresse à un nombre de personnes plus restreint. Nous essayons de dissiper l'angoisse, de l'éviter, en nous isolant encore plus. Notre monde devient de plus en plus vide. Ne voyant pas les choses comme elles sont vraiment, nous ne pouvons jamais imaginer que nous pourrions risquer notre vie pour les autres.

La pratique de la méditation peut nous guérir de cette division, et nous ramener à la connexion originelle. Quand notre vision du monde est transformée, nos vies le sont aussi. Nos actions coulent d'une source de sollicitude authentique, non entachée de manipulation, de contrainte, ou d'angoisse. Comme le présent que me fit cette dame au téléphone, cette sollicitude confère la bénédiction de la joie, tant à celui qui la donne, qu'à celui qui la reçoit. La claire vision suscite notre connexion, la connexion donne naissance à notre action, et nos vies deviennent des expressions d'une seule pièce, de la façon dont nous en sommes venus à nous considérer nous-mêmes, et à voir le monde.

La Bénédiction de l'Effort Juste

A CHAQUE MOMENT de notre existence, notre potentialité est vaste. Une immense possibilité de conscience, de courage, de dévouement, et d'amour, nous est inhérente. Cependant, nombreux sont ceux qui sont conditionnés à rester dans un état d'apparente impuissance, convaincus qu'ils ne peuvent accomplir ce qu'ils veulent. Notre cœur se ferme. Nous nous disons : «Je ne peux pas faire cela. Je n'en suis pas capable. Je ne suis pas assez fort. Je n'ai pas le pouvoir de...». Avec le temps, ces croyances au sujet de nous-mêmes se solidifient, constituant une image de ce que nous sommes. Et nous devenons liés au passé, aux voies où nous pouvons avoir échoué, et à un sentiment intime d'incapacité. Malheureusement, nous négligeons et discréditons fondamentalement le pouvoir de notre grande potentialité. Nous oublions qui nous sommes réellement.

C'est pourquoi une compréhension correcte de l'Effort Juste est si essentielle. L'Effort Juste fait partie de l'Octuple Sentier Noble du Bouddha. Traditionnellement, l'Effort Juste signifie une application courageuse de notre énergie vers une conscience intégrale. J'ai toujours pensé que le concept même d'Effort Juste est un merveilleux exemple de la vision profonde que recèlent les enseignements du Bouddha. L'Effort Juste est simplement une reconnaissance de la souffrance conditionnée qui est manifeste dans beaucoup de pensées que nous entretenons à notre propre sujet, et c'est aussi une promesse que, si nous choisissons de persévérer, nous transformerons nos vies.

Quand nous entendons le mot *effort*, nous pouvons penser : «Oh ! Quel fardeau ! Toujours en baver, instant après instant !» Mais en réalité, l'Effort Juste est notre plus grande bénédiction, parce qu'il est orienté vers notre potentiel extraordinaire de libération et de changement, dont chacun est capable. Mon maître Munindra me dit gentiment, alors que j'étais au commencement de ma pratique : «L'illumination du Bouddha a résolu le problème du Bouddha ; maintenant, résolvez le vôtre.» J'ai trouvé que c'était là la déclaration la plus inspirante, parce qu'elle sous-entendait que je pouvais en fait résoudre mon propre problème. Les enseignements du Bouddha disent que personne d'autre ne nous libérera en souffrant pour nous, et que personne n'a besoin de le faire, parce que nous pouvons très bien le faire nous-mêmes. C'est notre propre effort qui donne vie à ce potentiel.

L'effort est une volonté spontanée de persévérer à travers les difficultés. Ce n'est pas un effort dur, épuisant, désespéré, mais plutôt un souvenir ardent et sans réserve de notre aptitude à la liberté. L'Effort Juste est la volonté d'ouvrir le lieu où nous avons été enfermé, de venir plus près de ce que nous avons évité, d'être patients avec nous-mêmes, et de nous départir de nos préjugés.

Quand mon instructrice Dipa Ma commença à méditer, elle sentit qu'elle était continuellement envahie par la somnolence. Parlant de cette époque, elle nous dit un jour : «Quand j'ai commencé à méditer, je pleurais tout le temps, parce que je voulais suivre les instructions intégralement, mais je ne le pouvais, à cause de ma somnolence. Même quand j'étais debout ou que je marchais, j'avais besoin de dormir. J'avais passé cinq années à pleurer, et mon chagrin, ma faiblesse, et d'autres souffrances, m'empêchaient de trouver le sommeil. Mais dès que je me mis à méditer, tout ce que je pus faire, c'est dormir.»

Quand Dipa Ma s'ouvrit de ses difficultés à son instructeur, celui-ci lui dit : «C'est très bon signe, parce qu'au cours des cinq dernières années, vous avez tant souffert que le sommeil vous a été refusé ; maintenant, vous avez sommeil. Bien, procédez attentivement. Faites la méditation selon les instructions.» Dipa Ma continua de s'asseoir, et de dormir. «Mais un jour, raconta-t-elle, tout à coup, j'ai accédé à un état où ma vieille somnolence avait disparu, et aucune envie de dormir ne me vint, même quand je restais assise des heures durant.»

L'Effort Juste, dans le cas de Dipa Ma, consistait simplement à ne pas abandonner. Confiante en sa capacité d'éveil, elle était vigilante, et les fruits de sa pratique furent extraordinaires. Elle raconte que, après cette expérience, elle s'entendit dire aux gens : «Venez au centre. Vous avez vu combien j'étais abattue, à cause de la mort de mon mari et de mes enfants, et de ma maladie. Mais maintenant, vous me voyez régénérée, et je suis très heureuse. Il n'y a pas là de magie.

Simplement en suivant les instructions que les maîtres ont données, j'ai eu la paix de l'esprit. Venez-y, et vous obtiendrez la paix de l'esprit.»

Nous aussi, nous pouvons réaliser la paix de l'esprit. Incarner l'effort juste pour simplement faire la pratique, est la déclaration de notre propre potentiel véritable. Et notre potentiel est illimité. Quand nous reconnaissons pleinement cela, l'effort devient une occasion favorable – plutôt qu'un fardeau – et une voie qui est la reconnaissance de notre intégralité. «L'illumination du Bouddha a résolu le problème du Bouddha, maintenant, résolvez les vôtres.»

Au Commencement

Il est dit que le Bouddha parlait si simplement que même un enfant de sept ans pouvait le comprendre. C'est peut-être pour cela que l'on dit aussi que le Bouddha avait un nombre assez important de disciples de sept ans. Je me demande parfois quel effet ça aurait eu sur moi, si j'avais appris à méditer alors que j'étais une enfant de sept ans. C'est assez difficile à imaginer, mais je pense que j'y aurais mis une ouverture d'esprit, et un empressement à apprendre, qui m'auraient été fort utiles encore bien des années après, quand j'aurais vraiment commencé la pratique.

Quand pour la première fois je me suis assise aux côtés de Sayadaw U Pandita, cela faisait quatorze ans que je pratiquais la méditation bouddhiste. Je n'avais jamais rencontré ce maître de méditation birman, mais je fis une retraite de trois mois sous sa direction. Il était un maître fort et exigeant. Il nous fut demandé de prendre quelques notes après chaque période de méditation assise ou en marchant, en sorte que nous puissions lui décrire notre expérience avec précision. Chaque jour, six jours par semaine, nous avions avec lui un entretien privé.

Lors de ma première entrevue, je décrivis avec soin l'une de mes périodes de méditation. Il me regarda et dit : «Bien, au commencement, il peut en être ainsi.» Et ce fut tout ! Chaque jour, je devais venir lui décrire une expérience que j'estimais merveilleuse, ou terrible, ou ce qu'on voudra, et quel que fût mon récit, il disait : «Bien, au commencement, il peut en être ainsi.» Chaque fois qu'il disait cela, j'entendais une voix dans ma tête qui s'exclamait : «Quatorze ans ! Quatorze ans !» Silencieusement, je répondais : «Cela fait quatorze ans que je pratique la méditation assise – je ne suis pas ce qu'on appellerait une débutante. Pourquoi me traitez-vous de débutante ? Je ne suis pas une débutante !» Et la même chose se reproduisait jour après jour : lui, me défiant, moi, pleine de ressentiment, jusqu'à ce qu'un jour quelque chose s'allumât dans mon esprit.

De nombreuses années auparavant, j'avais habité en Inde, et je m'étais tout à fait perdue dans un modèle de pratiques très ordonnées à la réalisation. Malgré mes conflits, je réussissais assez bien, progressant sérieusement sur la voie du Nirvana. J'étais rentrée aux

Etats-Unis pour une brève visite. Le livre de Shunryu Suzuki, *Esprit Neuf, Esprit Zen*, venait juste de sortir. Quand je vis le titre de ce livre, je pensai : «Oh ! Je sais de quoi ce livre parle. Il dit que, quand on commence la pratique, on n'a que ce qu'on appelle 'un esprit de débutant'. Puis on pratique un peu, et l'on accumule toutes ces expériences formidables, et puis un jour on devient suprêmement réalisé, et l'on a ce qui est appelé un 'Esprit Zen'. » Je n'achetai pas le livre ; je pensai que je n'en avais pas besoin.

Quelques mois plus tard, quand je fus de retour en Inde, quelqu'un m'envoya un exemplaire d'*Esprit Neuf, Esprit Zen.* Quand j'eus fini de lire le livre, je réalisai que je m'étais complètement méprise à son sujet. Il ne parlait pas de transcender l'esprit inférieur du débutant, pour un jour arriver à obtenir esprit Zen sublime et extraordinaire. En fait, c'était tout le contraire : c'était une révélation de la pratique orientée vers l'expérience pleine de l'ordinaire, au lieu de la saisie de ce qui semble extraordinaire. C'est dans l'esprit ordinaire que nous trouvons la nature de Bouddha, quand nous cessons d'essayer de faire arriver quelque chose de spécial. Etre pleinement avec l'esprit ordinaire – sans avoir d'attentes ni faire de comparaisons – c'est l'esprit du débutant. Comme Shunryu Suzuki l'a décrit, l'ampleur et la liberté de l'esprit du débutant sont elles-mêmes la réalisation : «Dans l'esprit du débutant, il y a beaucoup de possibilités ; dans l'esprit de l'expert, il y en a peu.»

Ainsi, bien des années après, dans cette pratique en compagnie d'U Pandita, j'apprenais exactement la même chose. Un jour, je compris. Je réalisai à nouveau que c'était bien d'être un débutant. Etre un débutant, c'est avoir une fraîcheur de vision, et une ouverture sans réserve à l'expérience. Cela signifie ne pas être surchargé d'idées et de concepts au sujet de ce qui devrait arriver, de ce qui pourrait arriver, de ce qui *doit* arriver la prochaine fois, et de ce que je mérite qu'il arrive. Se débarrasser de ses concepts de position et de statut rend la pratique vivante, et non plus stagnante. Avec soulagement, je me dis : «Je suis une débutante, et j'espère que je continuerai à être heureuse d'être une débutante.»

Naturellement, le jour même où j'en vins à cette compréhension, U Pandita, mystérieusement, cessa de dire : «Au commencement, il peut en être ainsi.»

Mettre en Valeur Notre Pouvoir

AU COURS DE NOTRE VIE, c'est trop souvent que nous oublions de nous arrêter un moment pour nous souvenir qui nous sommes, et les conséquences en sont douloureuses. Comme l'écrivit Wordsworth : «Tôt ou tard, à acquérir et dépenser, nous gaspillons nos pouvoirs.» Pas seulement à «acquérir et dépenser», mais aussi dans un grand nombre de nos actions, notre énergie – notre propre pouvoir – est éparpillé et devient indisponible pour nous. Une pensée apparaît dans l'esprit, et nous nous trouvons impliqués dans une cascade de pensées associatives. Quand nous en émergeons, nous pouvons nous étonner d'avoir bien pu penser avec envie à Paris, alors que la dernière chose que nous nous rappelons, c'est d'avoir pensé avec envie à un repas ! Parfois, presque chaque sentiment que l'on a peut nous confondre. Nous pouvons être ravis à tel moment, et accablés l'instant suivant. Nous courons après ce que nous croyons désirable, et nous repoussons ce que nous tenons pour indésirable. Et ainsi, perdus dans le passé ou le futur, perdus dans des jugements ou des spéculations moroses, nous allons, perdus dans un état constant de réaction. Dispersant un trésor d'énergie dans toutes ces distractions, nous sabotons nos chances d'équanimité et de paix, et, vraiment, «nous gaspillons nos pouvoirs».

Imaginez que vous récupériez toute cette énergie, de sorte que vous puissiez encore en disposer pour l'employer consciemment – au lieu d'avoir votre esprit éparpillé çà et là. Quand nous vivons le moment présent, nous développons notre concentration et nous reprenons de notre pouvoir. Nous savons ce que nous pensons quand nous pensons cela, et nous savons ce que nous ressentons quand nous ressentons cela. Nous ne sommes pas happés par tout ce qui apparaît dans notre mental. Quand l'esprit est concentré, il y a un sentiment d'équilibre émotionnel. Sans rejeter ni trancher le sentiment, ce genre de concentration, appelée en pali *samattha*, procure une étonnante fermeté – et stabilité – mentale.

Dans la pratique traditionnelle de la concentration, nous plaçons notre attention sur un seul objet, tel que le va-et-vient du souffle, ou les phrases de compassion aimante, et nous nous débarrassons de tout ce qui passe dans notre mental et nos sens. Il y a presque un sentiment d'amour pour l'objet de concentration. Parfois, c'est comme si nous le protégions. Mais nous n'avons jamais besoin de nous y cramponner avec acharnement ; nous pratiquons simplement, avec une qualité de dévotion. Nous consacrant à l'objet choisi de notre concentration, nous restons liés à lui, écartant doucement tout ce qui nous distrait de l'attention que nous lui accordons.

On demanda un jour à Michel-Ange comment il sculpterait un éléphant. Il répondit : «Je prendrais une grosse pierre et j'écarterais tout ce qui n'est pas un éléphant.» Développer la force de concentration, c'est simplement voir ce qui n'est pas «l'éléphant», et le laisser partir. L'art de la concentration est un continuel lâcher prise. Nous nous déprenons de ce qui n'est pas essentiel, ou qui nous distrait. Nous nous débarrassons d'une pensée ou d'un sentiment, non pas parce que nous en avons peur, ou que nous ne pouvons le reconnaître comme faisant partie de notre expérience, mais parce que ce n'est pas nécessaire. Quand nous pratiquons la concentration et qu'une pensée apparaît dans l'esprit – un souvenir, un projet, une comparaison, une image attirante – nous nous en séparons. Si la colère fait son apparition, ou l'autojugement, ou une anticipation impatiente, nous les laissons simplement partir, revenant à l'objet de notre concentration. C'est ce que signifie *renoncement*.

Gandhi décrivit la mission de sa vie en simplement trois mots : «Renonce et aime». Le renoncement de Gandhi était un grand raffinement d'esprit, pas une austérité terrible ou amère. De même, par la pratique de la concentration, quand nous nous débarrassons de la distraction, notre sentiment ne doit pas être un rejet coléreux. Ce doit être plutôt une expression de notre aspiration la plus profonde à la liberté. Nous nous abandonnons avec la même grâce que pour une offrande. Nous lâchons prise, comme un acte de générosité. Renforçant la concentration, nous «renonçons et aimons». Nous renonçons à ce qui n'est pas essentiel, et, détendus dans la tranquillité, nous nous concentrons pleinement sur le moment présent.

Plus nous sommes pris dans des mouvements réactifs de possession et de condamnation, inclinant vers certaines pensées et certains sentiments, et nous éloignant d'autres, plus nous souffrons. Détournés de la pleine expérience de nos vies, nous «gaspillons nos pouvoirs». La pratique de la concentration est une méthode puissante de libération des complications et des limitations, fruits de ce genre d'instabilité. Et ainsi, avec une dévotion sincère pour notre intention la plus profonde, nous nous voyons lâcher prise, encore et encore.

Heureux de se Concentrer

QUAND J'AI COMMENCÉ à pratiquer la méditation, j'ai supposé qu'il fallait beaucoup d'efforts laborieux et sévères, pour maîtriser le mental et développer la concentration. Je fus si mécontente des vagabondages persistants de mon attention, que, dans un accès de folie, je me déclarai à moi-même que la prochaine fois que mon attention s'en irait vagabonder, je me taperais la tête contre le mur. Heureusement, la cloche du repas sonna. Dans la file d'attente, je pus entendre une conversation entre deux disciples que je ne connaissais pas. L'un d'eux demandait à l'autre comment la matinée s'était passée. L'autre répondit avec un esprit apparemment très léger : «Je n'ai pas pu très bien me concentrer, mais cet après-midi, peut-être que ça ira mieux.»

Je me retournai, très surprise, et le regardai d'un air incrédule. «Pourquoi n'est-il pas aussi bouleversé que moi ?», m'étonnai-je. « Il ne prend donc pas du tout cette affaire au sérieux ? » Ce fut ma première rencontre avec Joseph Goldstein. Cinq ans et demi plus tard, avec Jack Cornfield, et de nombreux amis, nous serons les fondateurs de la *Insight Meditation Society*. Quand cela eut lieu, j'avais déjà compris ce qu'il y avait déjà derrière les propos insouciants de Joseph.

A mesure que ma pratique évoluait, j'appris que les conditions requises pour le développement de la concentration, étaient très éloignées de l'espèce de combat acharné que j'avais engagé. Dans la psychologie bouddhiste, toute belle qualité de l'esprit a ce qu'on appelle une cause prochaine. C'est la condition, ou la base, qui éveille le plus facilement et directement une qualité particulière. Par exemple, la cause prochaine de *metta*, ou compassion aimante, c'est de voir la bonté chez quelqu'un. Il est dit que la façon la plus aisée de faire apparaître *metta*, c'est de voir la bonté chez quelqu'un. J'avais cru que la cause prochaine de la concentration était quelque chose comme un zèle intense ou une lutte acharnée. Au lieu de cela, à ma grande surprise, je découvris que, selon les principes bouddhistes, la cause prochaine de la concentration est le bonheur.

Comme j'en vins à le réaliser, se fatiguer à garder l'esprit concentré sur un objet, ne crée pas la condition qui donne le plus aisément naissance à la concentration. Cependant, quand le mental est à l'aise, serein, et heureux, nous pouvons facilement et naturellement nous concentrer. Le bonheur dans ce sens ne signifie pas l'expérience fugace du plaisir, auquel est inhérente une angoisse, fondée sur la conscience de ce que ce moment va passer. Le genre de bonheur qui est la cause prochaine de la concentration, est un état de tranquillité dans lequel nos cœurs sont calmes, ouverts, et confiants. C'est le sol fertile qui permet la croissance de la concentration. Mais comment arrive-t-on à cet état de bonheur ?

D'une certaine manière, nous y arrivons en ayant une perspective correcte – la perspective que Joseph Goldstein avait montrée dans la file d'attente pour le déjeuner, plusieurs années auparavant. Il y a toujours ce que nous percevons comme des hauts et des bas dans la pratique. La méditation est un processus cyclique qui défie l'analyse, mais quand nous l'acceptons, notre pratique s'épanouit. Je découvris que, à mesure que ma pratique se développait, l'aptitude à accepter et à permettre les expériences changeantes, était liée à mon degré de respect envers moi-même.

Quand mon sentiment de respect envers moi-même était fort, je pouvais passer par des périodes difficiles de pratique sans être découragée. Les difficultés ne reflétaient pas une autodépréciation. Et je pouvais passer par des périodes agréables de pratique sans essayer de m'y cramponner à mort, de peur qu'elles ne viennent à changer, me laissant avec un sentiment de malaise à mon égard. Pour moi, le respect de soi semblait être sans aucun doute une composante capitale dans la conservation du bonheur qui, à son tour, provoque la concentration. Et il devint clair que mon niveau de respect pour moi-même avait son origine dans la façon dont je me comportais dans les autres circonstances de ma vie, quand je n'étais pas assise à méditer. Je découvris cette vérité non seulement dans ma pratique, mais aussi dans les enseignements bouddhistes classiques.

Ces enseignements sont souvent présentés dans une série causale, qui montre clairement comment un état d'esprit aide à créer les conditions pour l'apparition du suivant. Dans le *Visuddimagga*, «La Voie de la Purification», un commentaire célèbre de la tradition

Theravada, le bonheur fait partie d'un déploiement logique qui va de la moralité à la délivrance.

Le texte commence par nous dire que la moralité est considérée comme le fondement du développement de la modération. Dans le bouddhisme, la moralité ne signifie pas une soumission forcée ou puritaine à des règles. La moralité signifie vivre avec des intentions qui reflètent notre amour et notre compassion pour nous-mêmes, aussi bien que pour les autres. Comme le philosophe George Santayana l'a dit : «La moralité est le désir de diminuer la souffrance dans le monde.» Quand nous vivons en harmonie avec la vérité innée de notre interdépendance, nous nous abstenons de commettre des actes nuisibles. Cela conduit à l'état mental suivant, la modération.

La modération est le fondement du développement de l'absence de remords. Quand nous réfrénons une soudaine envie de commettre un acte nuisible, nous sommes capables de voir l'impermanence et la transparence du désir qui est apparu. Ayant évité une action nuisible, nous évitons aussi la culpabilité, la peur de la découverte, et la confusion et le regret qui viennent quand nous oublions que ce que nous faisons a des conséquences.

L'état positif qui est la conséquence de la modération est appelé «réjouissance». L'absence de remords est le fondement du développement de la réjouissance. La réjouissance est l'état de légèreté et d'aise que nous trouvons dans nos vies quand nous prenons de plus en plus soin de nous-mêmes et des autres êtres. Parce que nous faisons authentiquement l'expérience d'une connexion avec les autres, nous bannissons les actions blessantes, et nous faisons moins de choses qui nous donnent le sentiment d'être séparés des autres. Ainsi notre sentiment ordinaire, décourageant, de solitude et d'aliénation, disparaît. La «réjouissance» est le fondement du développement du bonheur.

Ainsi, nous arrivons au bonheur – le bonheur de la paix, du calme, et de la force. C'est le bonheur qui ne va pas voler en éclats quand les conditions changeront, comme pour les gens qui agissent de façon décevante, car ils n'obtiennent pas ce qu'ils veulent. C'est un bonheur fondé sur la connaissance de notre interconnexion, sur l'intégrité d'agir selon ses valeurs les plus profondes. Il se fonde sur un mental à l'aise. C'est le respect de soi-même.

Il s'ensuit, selon le *Visuddimagga*, que le bonheur est la base sur laquelle se développe la tranquillité. Au lieu de l'agitation que nous éprouvons quand l'esprit est rempli de soucis, de remords, et de culpabilité, seul le calme prévaut. Parce qu'il n'y a pas de complications que nous devrions dénouer et réparer, nous pouvons être plus paisibles. La tranquillité, qui naît du bonheur, est la base sur laquelle la concentration va se développer. (C'était à l'évidence cette tranquillité qui me faisait défaut dans cette retraite, il y a longtemps).

La concentration est la fermeté de l'esprit, le sentiment que nous avons, quand nous avons une attention concentrée et puissante. Quand nous pouvons nous concentrer, une porte s'ouvre sur la perspicacité et la sagesse. La concentration est ainsi le fondement du développement de la connaissance et de la vision justes. Cela signifie être capable de voir les choses comme elles sont vraiment, sans déformer aussitôt l'expérience au moyen du filtre de nos espoirs et de nos peurs. C'est l'abandon de ces filtres qui nous amène personnellement, intimement, à avoir confiance en notre propre sens de la vérité. La connaissance et la vision justes, une fois qu'elles font fermement partie de nos vies, sont la base sur laquelle va pouvoir se développer l'état sans passion.

L'état sans passion ne signifie pas la froideur ou l'indifférence, mais plutôt un agrandissement de l'esprit, dans lequel nous éprouvons un sentiment de totalité et de contentement, quelle que soit la situation transitoire dans laquelle est notre vie. C'est l'équanimité en face des circonstances changeantes que nous rencontrons continuellement. Chaque fois que nous obtenons ce que nous voulons, ou que nous ne l'obtenons pas, nous pouvons voir les choses en perspective, nous pouvons faire ce qu'il faut pour essayer de soulager notre propre souffrance, et celle des autres, et c'est depuis un lieu de paix intime que nous pouvons le faire. C'est ce que manifestait Joseph dans cette file d'attente ; mais, à l'époque, je pensais qu'il était frivole de ne pas se torturer comme je le faisais moi-même.

L'état sans passion est la cause de l'évanouissement de l'envie et de la colère. Une fois que nous pouvons traverser les circonstances de la vie avec plus d'équilibre, et la joie du respect de soi, nous ne sommes plus conduits mécaniquement par de vieilles habitudes de réaction, essayant désespérément de nous cramponner au plaisir et d'éviter la douleur. Ces vieilles habitudes ne peuvent plus prendre racine dans notre cœur de la même façon. Quand elles apparaissent, il y a en elles quelque chose de poreux ; aussi ne devons-nous plus en avoir peur, et pouvons-nous choisir de ne pas écouter leurs appels.

La disparition de l'envie et de la haine est le fondement de la délivrance. La délivrance est «la sûre libération du cœur» – une compréhension silencieuse, sans paroles, de la vérité, si puissante qu'on ne peut s'en détourner. Quand nous n'abordons pas notre expérience avec un agenda, essayant de lui faire pallier un sentiment de manque en nous-mêmes, nous pouvons prêter attention à ce qui apparaît. Nous pouvons nous ouvrir à cela, et en tirer un grand enseignement, car notre propre expérience révèle la vérité de toute vie. Quand nous pouvons prêter une attention soigneuse, impartiale, nous découvrons la cause de notre souffrance, et notre libération de la souffrance.

Cette série, telle qu'elle présentée dans le *Visuddimagga* – moralité, modération, réjouissance, bonheur, tranquillité, concentration, absence de passion, disparition de l'envie et de la colère, délivrance – est aussi naturelle que le mouvement du vent. Quand le bonheur est vu dans le contexte de ce processus, il devient une partie intégrale de notre vie spirituelle. Nous dédions nos intentions à la non-nuisance, à l'amour et à la compassion, et nous sommes conduits jusqu'à la perspective de la délivrance.

Le bonheur est une fin en soi, l'un des fruits de la méditation, mais c'est aussi l'état d'esprit que nous pouvons avoir maintenant, simplement en nous respectant nous-mêmes et en menant une vie généreuse. C'est le bonheur qui est l'ingrédient essentiel de la libération suprême de nos esprits de la souffrance.

La Conscience du Souffle

IL EST DIT QUE LORSQU'IL ÉTAIT ENFANT, le Bouddha pratiquait spontanément l'attention au souffle, et à la veille de son illumination, il se souvint de cette pratique alors qu'il était à la recherche du parfait équilibre de l'esprit. *Anapanasati*, le mot pali pour l'attention au souffle quand il entre et sort par les narines, est l'un des objets de concentrations les plus fondamentaux que le Bouddha enseigna.

Quand je me rendis en Inde en 1970, j'y venais spécifiquement pour apprendre à méditer. En janvier 1971, je fis ma première retraite intensive. Je n'avais pas du tout d'expérience de la méditation, mais j'avais beaucoup d'idées sur des pratiques complexes et ésotériques. La première instruction de méditation que je reçus, ce fut l'attention au souffle. Cette simplicité me choqua.

Anapanasati est la pratique fondamentale pour un grand nombre de raisons. Le souffle est naturel, non artificiel. Quand j'ai d'abord commencé à pratiquer, j'éprouvais de l'angoisse au sujet du souffle suivant, comme si je devais le créer. Mais si je me disais : «De toute façon, tu respires ; la seule chose que tu aies à faire, c'est d'en être consciente», je pouvais me détendre. Quand nous sommes conscients du souffle naturel, cela procure le bien-être du mental et du corps.

Le souffle arrive maintenant, en cet instant. Quand nous y prêtons attention, nous découvrons que notre attention erre dans le passé, comparant le souffle qui apparaît dans le présent à celui qui s'est évanoui auparavant. Ou bien l'imagination peut errer dans le futur, anticipant le moment où nous nous lèverons et prendrons notre petit déjeuner, et irons travailler, alors que la respiration naturelle arrive.

L'une des intuitions les plus puissantes que j'eus au commencement de ma pratique, se produisit quand je m'aperçus que je me «penchais» souvent «en avant», «cherchant» le souffle suivant ; mais je réalisai alors que je pouvais revenir au moment présent. Cela me donna une impression d'équilibre étonnant et de justesse totale, comme si je revenais à un logis naturel que j'avais oublié pour une raison inconnue. Quand nous avons ce genre d'attention, nous prenons note de la tendance à retomber dans le passé, et à nous pencher vers le futur, et alors nous pouvons nous détendre et être en équilibre. Ainsi, nous sentons la différence qu'il y a entre être éparpillé, et expérimenter la présence totale.

La conscience de la respiration sert de miroir, non pour ou contre quelque chose, mais pour refléter simplement le moment, sans l'obstruction des concepts et des jugements. Nous pouvons laisser passer librement tout ce qui apparaît dans le mental, quand nous restons attentifs au souffle. Peut-être avons-nous tendance à émettre ce genre de jugement : «Ma respiration n'est pas assez bonne, pas assez profonde, pas assez ample, pas assez subtile, pas assez claire.» Je l'ai fait, pour sûr, car je surchargeais l'acte tout simple de la respiration, de sens au sujet de la personne déficiente que j'étais. En revenant au souffle, quand nous laissons continuellement aller ces jugements, nous donnons naissance à la compassion envers nous-mêmes.

Dans cette pratique d'*anapana sati*, chaque souffle, du commencement à la fin, devient notre univers. En sentant le souffle quand il entre dans les narines et qu'il en sort – plutôt que de l'observer comme si nous étions des observateurs éloignés – nous ne faisons plus qu'un avec lui, complètement connectés avec ses sensations changeantes. Alors que je ressentais mon souffle, toutes mes tendances me poussant à m'éloigner du moment et à revenir en arrière étaient remises en question, et je découvrais une intimité avec ma propre vie.

En étant attentif à notre souffle, nous voyons clairement la fragilité de la vie, car nous sommes complètement dépendants de chaque absorption d'air. Quand nous faisons l'expérience des sensations constantes qui apparaissent et disparaissent, nous commençons à voir la solidité du corps se dissoudre, ce qui fait naître la compréhension profonde de la nature du changement. Car la vie même est en équilibre sur chaque souffle. L'un de mes instructeurs me dit un jour : «Vous savez, la vie dépend de votre nouvelle inspiration, une fois que vous avez expiré.»

L'essence de la pratique d'*anapana* – comme de toute pratique de la méditation – c'est l'aptitude à recommencer. On ne doit pas se perdre dans le passé, ni dans le futur, ou dans le jugement, mais une fois que l'on a réalisé qu'on a été distrait, on peut recommencer, et se reconnecter avec le souffle. Alors qu'il pourrait être tentant de passer un peu de temps à examiner en détail notre distraction, ou à nous juger pour avoir perdu le contact avec le souffle – en laissant aller, et simplement en recommençant, nous faisons l'expérience immédiate d'une connexion totale, et d'une immédiateté de conscience. Au commencement de ma pratique, je perdais souvent contact d'avec le souffle, puis j'émergeais de mon imagination, et passais peut-être le reste de la séance de méditation assise, à me punir de m'être égarée : «Pourquoi as-tu fais cela ? Hier, tu ne l'as pas fait autant qu'aujourd'hui. Personne n'est distrait ; il n'y a que toi.»

L'ironie de ce genre d'expérience, c'était que la divagation initiale m'avait distraite pendant peut-être cinq minutes, alors que mon égarement dans le jugement me distrayait vingt minutes, et me causait encore plus de souffrance. Quand nous pratiquons de cette manière, c'est-à-dire quand nous voyons que, même si des pensées outrageantes, compliquées, séduisantes, ou idiotes, ont fait leur apparition, nous pouvons recommencer, une profonde confiance en nous-mêmes se dessine.

En recommençant, nous devenons présents. Le mot pali – et sanskrit – *bhavana*, que l'on traduit le plus souvent par «méditation», signifie aussi «faire devenir quelque chose», «appeler à l'existence», «provoquer». Il connote la «naissance». Quand nous pratiquons la méditation de l'attention au souffle, nous faisons naître le bien-être, l'intimité, la compassion, la sagesse, et la confiance. Simplement en étant avec notre souffle, nous donnons naissance à la totalité.

Les Demeures Célestes

JE VOYAGE dans de nombreuses régions du globe pour enseigner la pratique des quatre *Brahma Vihara,* ou «Demeures Célestes» – amour, compassion, joie (sympathique, ou empathique), et équanimité. Je suis continuellement surprise de ce que, où que j'aille, tant de gens considèrent ces états d'esprit comme des faiblesses. Des disciples qui font une retraite diront : «Si je suis aimant et compatissant, je vais me laisser faire et être blessé.» «Pour moi, ce sont simplement de doux sentiments, mais il n'est pas vraiment possible de vivre ainsi.» Cette attitude ignore hélas la force terrible que recèlent les Brahma Vihara. Ils sont la source de la reconnaissance et de la culture de notre connexion la plus profonde avec la vie.

L'écrivain Wendell Berry dit que «la plus petite unité de santé est une communauté». «Communauté» est un autre mot pour dire «connexion», et la connexion, c'est la vie même. Diverses études arrivent à cette même conclusion. Par exemple, des personnes qui ont eu une crise cardiaque, semblent guérir plus facilement si elles ont des animaux familiers. Quand toutes les autres variables sont contrôlées, les patients atteints d'un cancer, qui intègrent un groupe de soutien, tendent à vivre plus longtemps que ceux qui restent isolés. Ceux pour qui l'on prie quand ils sont malades, même s'ils n'en ont pas connaissance, se défendent mieux que les autres. La racine mystérieuse de la guérison est la connexion.

Les quatre Brahma Vihara sont des pratiques qui inspirent et approfondissent notre connexion mutuelle. Ainsi, ils apportent la guérison non seulement aux autres, mais aussi à nous-mêmes. (En anglais, *healing*, guérison, a la même racine que *wholeness*, intégrité, totalité). Les Brahma Vihara sont des pratiques qui cultivent notre confiance en notre cœur aimant, et en la force de notre connexion avec les autres.

Le premier Brahma Vihara, l'amour, ou la gentillesse aimante, est la pratique de l'amitié. Nous pouvons croire que nous ne sommes pas capables de nous aimer nous-mêmes, et encore moins, bien sûr, tous les êtres du monde. La pratique sérieuse de la «gentillesse aimante» invoque la possibilité d'aimer ce qui en nous est inviolé. Quand nous voulons l'amour, la paix, et le bonheur pour nous-mêmes, et pour les autres, nous apprenons à inclure tous les êtres et tous les aspects de tous les êtres, y compris nous-mêmes, dans nos cœurs.

Au début de ma pratique intensive de la «gentillesse aimante», le moment probablement le plus stupéfiant fut celui où je reconnus que, véritablement, j'étais capable de beaucoup d'amour. Je fus littéralement abasourdie ; je pensai : «Est-ce bien moi ?» En fait, nous sommes tous capables d'un amour immense, mais tant que nous sommes empêtrés dans notre conditionnement, notre capacité de connexion reste cachée ou déformée.

Dipa Ma, qui était l'amour incarné, vint un jour dans la maison de Sylvia Boorstein, pour diriger une session. Sylvia avait un grand chien de race, qui avait un aspect terrible. Le plus souvent, les hôtes s'arrêtaient sur le seuil, attendant d'avoir la certitude que le chien était inoffensif. Mais quand Dipa Ma vit le chien, elle entra sans marquer de temps d'arrêt. Le chien se leva pour l'accueillir, mettant ses pattes sur les épaules de Ma. Dipa Ma était une femme menue, n'atteignant pas le mètre soixante ; aussi étaient-ils presque de la même taille. Dipa Ma mit sa main sur la tête du chien et le bénit ! Personne n'était exclu de l'offrande de bénédiction de Dipa Ma, ou de son sentiment de communauté.

Le Brahma Vihara suivant est la compassion, littéralement, le frémissement de notre cœur en réaction à la douleur et à la souffrance. Notre propre douleur, ou la douleur des autres, peuvent devenir des véhicules d'une connexion touchant profondément. Souvent, quand nous souffrons nous-mêmes, nous pouvons être pleins de ressentiment, nous demandant pourquoi nous sommes affligés d'une telle souffrance. Ou nous pouvons nous sentir très isolés, nous blâmant peut-être obsessionnellement pour quelque chose que nous avons fait ou dit, ou quelque chose que nous n'avons pas dit ni fait, et que nous considérons comme la cause de la douleur. Et nous pouvons répugner à voir la souffrance chez les autres, parce que nous pouvons la trouver insupportable ou détestable, ou la considérer comme une menace pour notre bonheur. Toutes ces réactions à la souffrance dans le monde, font que nous nous détournons de la vie.

En revanche, la compassion se manifeste en nous comme l'offrande de la solidarité, plutôt que comme un retrait. Parce que la compassion est un état d'esprit qui, en soi, est ouvert, abondant, et inclusif, elle nous permet de répondre à la douleur d'une façon plus directe. Notre vision directe nous apprend que nous ne sommes pas seuls dans notre souffrance, ou que personne n'a besoin de se sentir isolé quand il souffre. Voir notre unité est le commencement de notre compassion, et cela nous permet d'aller au-delà de l'aversion et de la séparation, jusqu'à la compréhension que notre communauté est chacun.

La joie (sympathique), le troisième Brahma Vihara, est la pratique consistant à se réjouir du bonheur des autres – au lieu d'en prendre ombrage, comme si le bonheur d'un autre nous ôtait quelque chose. Quand j'ai commencé à pratiquer cette façon de voir, j'ai découvert que ma réaction conditionnée ordinaire, était de considérer qu'il y a une quantité limitée de bonheur dans le monde, et que plus quelqu'un en a, moins il m'en reste. Mais, en réalité, avec cette forte joie sympathique, nous sommes à même de nous sentir heureux quand les autres le sont ; nous nous réjouissons et prenons plaisir à leur bonheur.

Voici comment le Dalaï Lama exprime cela : Il y a tant de gens dans le monde ; il est tout simplement raisonnable de considérer leur bonheur comme aussi important que le nôtre, parce que nos chances de nous réjouir sont «à six milliards contre un». C'est une très bonne cote. Quand le bonheur des autres est notre propre bonheur, nous reconnaissons notre connexion mutuelle. Nous faisons alors partie de la communauté de bonheur.

Le quatrième Brahma Vihara est l'équanimité, qui, par certains côtés, est quelque chose de très différent des trois «demeures» précédentes. C'est parce que la qualité prédominante de l'équanimité, c'est le calme. Dans cette spacieuse tranquillité d'esprit, nous pouvons être pleinement connectés à tout ce qui arrive autour de nous, pleinement connectés aux autres, mais sans nos réactions habituelles d'attirance vers ce qui est agréable, et de retrait devant ce qui ne l'est pas. Ce Vihara permet aux autres de se développer librement.

Sans équanimité, nous pourrions n'offrir notre amitié que dans la mesure où elle est reconnue ou appréciée, ou que si l'on nous renvoie la monnaie de notre pièce. Nous n'offririons notre compassion à nous-mêmes que lorsque nous ne serions pas submergés par notre douleur, et nous le la donnerions aux autres que si nous n'étions pas accablés par la leur. Nous n'offririons notre «joie sympathique» que lorsque nous ne nous sentirions pas menacés ou envieux. Quand nous cultivons l'équanimité, notre formidable capacité à nous connecter peut s'épanouir, car nous n'avons pas à nous détourner de tout ce qui peut se présenter, ni à nous y accrocher.

Parfois, les instructions de méditation sont : «Asseyez-vous comme si vous étiez une montagne. Asseyez-vous avec un sentiment de force et de dignité. Soyez ferme, soyez majestueux, soyez naturel et à l'aise dans l'attention. Les vents peuvent se déchaîner, les nuages peuvent tourbillonner, les lions peuvent rôder, soyez intime avec toute chose, et asseyez-vous comme une montagne.» C'est une image de l'équanimité. Nous sentons toute chose, sans exception, et nous nous y apparentons grâce à notre force de conscience, et non pas au moyen de nos réactions habituelles. Comme lorsque Ma «bénit» le chien «féroce», nous trouvons la liberté de nous lier à chacun.

On accomplit ces quatre pratiques en inclinant son esprit vers l'amour et la connexion. Nous commençons avec quelqu'un pour qui il nous est facile d'avoir de l'amour et de la compassion, de la joie sympathique ou de l'équanimité. Petit à petit, le champ de notre attention s'élargit pour inclure ceux dont nous nous soucions, ceux qui nous sont indifférents, ceux que nous n'aimons pas, et, finalement, tous les êtres, partout.

En accomplissant ces pratiques, nous ne nous efforçons pas de forger des sentiments artificiels, ni n'essayons de nous conformer à l'idée abstraite d'une personne spirituelle. Nous n'étouffons pas les sentiments d'indignation que nous pouvons avoir, ni ne réprimons notre saine peur. L'amour, la compassion, la joie sympathique, et l'équanimité, ne déforment pas notre aptitude à voir clairement ; mais, quand nous réalisons que nous sommes liés à tous les êtres, elles transforment les raisons pour lesquelles nous œuvrons à créer des changements. Notre motivation, ou notre attitude mentale, devient inclusive, et non plus séparative. Et à mesure que nous devenons plus forts dans la pratique des Brahma Vihara, nous nous apercevons que nous pouvons considérer honnêtement et directement les problèmes, et agir avec force quand nous devons nous occuper de nous-mêmes ou des autres. Nous découvrons la suprême guérison de la connexion.

Juste ainsi

UN AUTOMNE, l'un de mes amis me téléphona, de retour d'un séjour de plusieurs mois en Thaïlande, au cours duquel il s'était adonné à la pratique de la méditation. Quand je lui demandai comment il allait, il me répondit : «Je vais très bien. Je suis juste en train d'accrocher mon squelette.» Je fus un peu étonnée, mais, étant donné la saison, je hasardai : «Oh ! C'est pour Halloween ?»

«Non !», dit-il ; «j'ai simplement passé un mois de méditation intensive à contempler des squelettes, et je m'y suis vraiment absorbé.» Je répondis : «Très bien, et comment ça s'est passé, pour toi ?»

«D'abord, ç'a été absolument dégoûtant ; mais avec le temps, une sorte de clarté se fit jour – quelque chose qui n'était pas un faux-semblant, une clarté qui n'avait rien à voir avec les conventions sociales. Je suis allé au réfectoire, et je me suis vu comme un squelette, et j'ai vu chacun comme un squelette. C'est juste ainsi.»

Tandis qu'il parlait, je me mis à penser à une exposition au Musée d'Arts Populaires de Santa Fe, où des poupées miniatures représentant des gens ont l'air de se livrer à des activités ordinaires – telles que cuisiner et jouer de la musique – mais chacune est un squelette ; ainsi, les squelettes jouent du violon, font frire des œufs, etc. Cela suggère tout à fait une réalité cachée, que nous ne voulons pas considérer ordinairement !

Des pratiques bouddhistes comme celle à laquelle cet ami s'est livré, font partie de ce que nous appelons des méditations *asubha*, que l'on traduit ordinairement par «contemplation de la nature répugnante du corps». Il pourrait sembler que de telles pratiques suscitent peur et répulsion, mais elles ne sont pas du tout destinées à provoquer ces réactions ; leur but au contraire est de conférer liberté et clarté à l'esprit.

Ce résultat peut sembler improbable. Une traduction plus précise du mot pali *asubha* peut rendre le fruit potentiel de ce genre de pratique plus facile à comprendre. *Asubha* signifie en réalité «ce qui va contre le courant». Et ces pratiques vont contre le «courant» de notre société ! Elles vont contre l'habitude de considérer nos corps comme des objets que nous devons embellir de façon illimitée, pour obéir à certaines «normes» sociales. Elles vont contre l'habitude de penser que nos corps peuvent rester jeunes et en bonne santé indéfiniment, et de croire qu'ils ne vont pas nous laisser tomber.

Dans une société comme la nôtre, c'est aller contre le courant que d'aller tout droit à la vraie nature du corps. On nous suggère constamment – publicités, médiats, films – qu'il est humiliant d'avoir un corps qui n'est pas parfait, qui ne fonctionne pas à la perfection. Etant donné le manque de maîtrise que l'on peut exercer sur le corps, ce genre de conditionnement social provoque beaucoup de migraines et d'autojugements stériles. Pour sûr, nous affectons nos corps par nos habitudes et la qualité de notre vie, mais nous ne pouvons absolument pas le contrôler. Nous ne pouvons l'empêcher de changer. Et il n'est personne d'entre nous, qui, quel que soit l'argent qu'il ou elle dépense pour devenir le plus attrayant possible, manquera de mourir un jour ou l'autre. Mais on cache la mort, presque comme si elle était contre-nature et contrefaite, comme si l'on faisait quelque chose de mal quand on meurt. Nous nous libérons de beaucoup de souffrance quand nous reconnaissons, comme l'a dit

William Butler, que «nous sommes attachés à un animal mourant».

Les pratiques de la méditation *asubha* sont toutes destinées à faire considérer le corps pour ce qu'il est véritablement, et c'est très libérateur. Cela n'a rien de commun avec cet endroit profond, froid, qui est en nous, qui a peur qu'en définitive, nous ne soyons pas dignes d'amour. Nous ne faisons que regarder et voir ce qu'est réellement la nature des choses. Quand nous voyons la vérité, il n'y a rien que nous devions craindre, ou qui doive nous répugner. La nature du corps est quelque chose que nous partageons tous.

Quand nous vivons conscients de la vérité, nous sommes libres des contraintes des faux-semblants et des refus de voir. Après tout, nous vivons dans une société où les cadavres sont maquillés comme s'ils allaient à une réception ; où les gens trop souvent meurent seuls, sans soutien ; où les choses désagréables de toutes sortes, sont aseptisées, et enlevées par quelqu'un d'autre, de façon que nous n'ayons pas à les regarder. Il n'est pas étonnant que nous soyons si souvent fatigués et effrayés. S'efforcer de ne pas regarder le courant naturel de la vie, est une tâche effrayante, épuisante. Et cela crée de la souffrance non seulement à nous-mêmes, mais aussi aux autres, et nous sommes de connivence pour entretenir le grand mythe de la nature immarcescible du corps.

Maladie, pourrissement, sang, boyaux, squelettes, sont des images dérangeantes, mais y penser met beaucoup de choses en perspective. L'ironie, c'est que notre reconnaissance des parties composantes du corps soit libératrice. Ainsi, s'il nous arrive de réaliser que la personne qui fait frire nos œufs est un squelette, et que ceux qui les mangeront sont aussi des squelettes, peut-être pourrons-nous nous libérer pour remettre chaque chose à sa vraie place, pour ne pas haïr nos corps quand ils vieillissent, ne pas rejeter les malades et les moribonds, ne pas en vouloir aux choses d'être ainsi. Comme me le dit mon ami – quand sa méditation le conduisit à tout voir comme un squelette – «c'est juste ainsi».

Revenir chez soi

JE FIS UN JOUR UNE PROMENADE avec une amie dans le cimetière de Mount Auburn, à Cambridge, dans le Massachusetts. Nous marchions sans but, occupées à parler des séjours en Inde que nous fîmes plusieurs années auparavant. Tandis que nous parlions en marchant, le ciel s'obscurcit, et nous réalisâmes tout à coup que nous nous étions complètement égarées. Nous étions si perdues que j'en vins à penser que nous allions passer la nuit dans le cimetière. Nous marchions, marchions, dans l'obscurité grandissante, et tout fut noir. Je ressentais une terrible incertitude tandis que nous parcourions cet immense labyrinthe, essayant de nous orienter. Vous pouvez vous imaginer l'aspect qu'avaient les tombes, dans le noir. Nous nous posions mutuellement ces questions : «Avons-nous déjà dépassé les

Carters ? Il y a combien de temps ? Dans quelle direction allions-nous quand nous sommes passées devant ce mausolée ?» Enfin, après des heures de recherche, nous trouvâmes le portail, fermé depuis longtemps. Au bout d'une attente qui nous semblait ne pas devoir se terminer, le gardien apparut enfin, et nous fûmes libérées.

Cette expérience d'égarement complet est une bonne analogie pour cet état mental d'illusion. Dans l'illusion, nous n'avons aucune idée de l'endroit où nous sommes, et où nous allons. Quand l'illusion prévaut fortement dans le mental, nous pensons comme je le fis en marchant dans ce cimetière obscur – pleine d'incertitude, même d'épouvante – et nous devenons de plus en plus agités. «Que m'arrivera-t-il si je fais un pas à gauche ? Qu'est-ce qui va m'arriver si je fais deux pas à droite ? Et ensuite, que va-t-il se passer ? Et encore après ?»

En pali, «illusion» se dit *moha*, ce qui signifie être stupéfait. Dans cet état, nous sommes désorientés et désemparés. Le mental est obscurci, confus, et agité. Dans l'état d'illusion, nous nous sentons ébranlés, instables, dans notre esprit et notre être, comme si nous n'étions pas d'ici, comme si nous habitions un endroit étrange. La vie recouvre la qualité d'être d'une bizarre collection de pièces qui semblent ne pas aller ensemble. Nous ne pouvons pas voir du tout par où les choses sont connectées, comment elles s'apparentent, comment elles sont unies. Ne parvenant pas à voir les choses comme elles sont réellement, nous nous sentons coupés de tout sentiment de connexion avec les choses. Mais quand nous avons ne serait-ce qu'un bref aperçu de ces connexions, nous sommes poussés à abandonner l'illusion et à développer la sagesse. L'attention juste, ou conscience présente, transforme l'illusion en sagesse. D'être attentifs nous permet de voir les choses selon leur nature véritable. L'attention juste signifie la connexion avec notre expérience, sans réagir en fonction de l'habitude. Cette qualité dissout notre confusion et nous permet de découvrir notre propre intégrité, et l'interdépendance de tout ce qui appartient à la vie. Quoi qu'il arrive, nous pouvons aborder notre situation avec calme et clarté.

Si mon amie et moi avions été capables de trouver la paix en nous-mêmes, nous aurions pu nous sentir chez nous même dans le cimetière. Le moine thaï Ajahn Chah compare l'illusion au fait de n'avoir pas de foyer. Il dit : «Quand nous n'avons pas vraiment de foyer, nous sommes comme des voyageurs errants, allant dans cette direction pour un moment, puis dans cette autre. Tant que nous n'avons retrouvé notre foyer véritable, nous nous sentons mal à l'aise, quoi que nous fassions.» Nombreux sont ceux qui en viennent à pratiquer la méditation, justement pour retrouver leur vrai foyer.

Quand, après avoir erré çà et là, nous trouvons notre foyer, c'est comme si nous faisions de la lumière dans une pièce obscure. Peu importe que la pièce ait été dans l'obscurité une journée, ou une semaine, ou dix mille ans. Quand nous allumons la lumière de l'attention juste, nous pouvons voir clairement. Voyant clairement, nous réalisons que nous n'avons aucune distance à parcourir, dans aucune direction, pour trouver notre demeure véritable, à laquelle nous appartenons, où est notre bien-être – elle est simplement là où nous sommes.

Le Cœur de la Pratique

Les premières retraites que nous avons organisées pour les familles, à l'*Insight Meditation Society*, étaient spécifiquement destinées aux parents de nos étudiants. Les initier à la pratique était un moyen de dissiper leurs soucis au sujet de l'étrange nouveau hobby de leurs enfants. Une étudiante, qui se faisait du souci au sujet de la venue de sa mère, dit : «Ma mère est le genre de personne qui dit : 'ces saletés d'oiseaux m'ont empêchée de dormir toute la nuit'.» Et c'est bien ce que dit sa mère après une nuit passée ici ! Mais à la fin de la semaine, elle écoutait d'une manière toute différente. Elle s'était mise simplement à entendre, en se débarrassant des jugements que l'on pourrait attacher aux bruits, comme ceux que font les oiseaux au milieu de la nuit.

Il y a de nombreuses façons d'entendre un son. Nous pouvons entendre un certain bruit, et mal réagir, le trouvant déplaisant. Ou bien, si nous pensons que le son est agréable, nous pouvons vouloir l'écouter encore et encore. Et si le son ne nous paraît ni agréable ni désagréable, nous pouvons aussi n'y prêter qu'une oreille. Ou bien nous pouvons entendre un son directement, sans jugement ni élaboration conceptuelle – simplement comme un événement sensoriel – et le monde entier peut s'ouvrir devant nous. Faire l'expérience du phénomène du monde de cette manière directe, est l'essence de l'attention.

L'attention est une qualité de la conscience qui voit directement ce qui arrive dans notre expérience, et l'aborde face à face, sans l'intrusion d'un intermédiaire, sans surimposer à l'expérience des «forces» comme l'avidité, l'aversion, ou l'illusion. Conditionnés à vivre dans l'avidité, nous essayons en vain d'empêcher les expériences agréables de partir à jamais. Conditionnés à vivre dans la colère et la peur, nous cherchons à fuir les expériences douloureuses, comme si nous pouvions empêcher qu'elles arrivent. Conditionnés à vivre dans l'illusion, nous nous «évadons», et devenons déconnectés du moment où une expérience n'est pas agréable ou désagréable d'une manière frappante.

Si nous mettons bout à bout tous les moments où nous ne faisons pas pleinement l'expérience de la vie, parce que le désir et l'attachement nous empêchent d'être présents, et tous les moments où nous essayons de nous séparer de ce qui est, par colère ou par peur, et tous les moments où nous nous «évadons», le résultat sera un tas impressionnant de moments. Il ne reste qu'une somme minuscule de moments attentifs, où nous étions pleinement vivants, où nous n'étions pas perdus dans l'attachement, la résistance, ou la déconnexion. C'est un mode de vie effroyablement limité.

Il est possible d'être éveillé et présent avec équilibre, sérénité, et compréhension, que notre expérience soit agréable, désagréable, ou neutre. C'est le pouvoir de la qualité d'attention. L'attention est une conscience pénétrante et profonde, caractérisée par la non-superficialité. Traditionnellement, on illustre la qualité d'attention par la comparaison entre ce qui arrive si l'on jette un bouchon dans l'eau, et quand on y jette un rocher. La conscience superficielle est comme le bouchon de liège qui flotte sur l'eau. Le rocher, en revanche, va droit au fond.

Une autre façon de comprendre cette qualité d'attention, c'est de considérer ce qui arrive quand on met de l'eau dans une tasse. L'eau ne reste pas à un endroit – elle remplit tout l'espace qu'il y a. De même, l'attention se répand sur l'objet considéré, le submergeant entièrement. Quand nous sommes attentifs, nous inondons notre expérience de conscience. Quand nous entendons un son, notre conscience va au plus profond du moment de l'audition.

Quand nous sommes attentifs, quand nous pouvons répondre directement à ce qui arrive, il y a alors une grande vitalité dans notre monde. Au lieu de voir à travers les filtres de nos espoirs et de nos craintes conditionnés, nous pouvons être avec les choses telles qu'elles sont. Quand nous sommes attentifs, nous regardons avec une vision méditative, ou, comme le disent les Soufis, avec «des yeux voilés de désir ardent».

Voir de cette façon pourrait être comparé avec ce qui arrive quand nous allons connaître quelque chose de nouveau. Quand nous rencontrons une personne pour la première fois, il se peut que nous désirions qu'elle soit d'une certaine façon, et que nous ne soyons pas attentifs dans notre observation, ce qui fait que nous forgeons une fabrication, fondée sur l'apparence superficielle. Petit à petit, à mesure que nos projections s'amenuisent, nous devenons plus attentifs, et nous pouvons voir à travers les éléments de cette façade. Nous nous rapprochons de plus en plus de la réalité vivante de cette personne. De même, quand nous sommes attentifs, nous venons tout près de la réalité vivante de notre expérience.

L'attention peut aller n'importe où. Elle ne se borne à aucune expérience particulière. Vous pourriez dire, comme la mère de l'étudiante : «Je n'ai pas pu être attentif, parce que c'était trop bruyant.» Mais ce serait mal comprendre ce qu'est l'attention. Nous pouvons être attentifs au calme, et nous pouvons être attentifs au bruit. Nous pouvons être conscients de détester énormément le bruit. Nous pouvons être attentifs à n'importe quel élément de notre expérience. L'attention, ou conscience attentive, est une qualité d'esprit infiniment inclusive.

Il est dit que la conscience attentive ne prend pas la forme de son objet de conscience, ce qui signifie que nous pouvons être attentivement conscients du plaisir un moment, de la tristesse le moment suivant, puis de l'ennui, sans que la nature de l'attention soit modifiée.

Tout ce dont nous sommes conscients – la nature de la conscience même – est vaste, ouvert, libre.

Pratiquer la conscience attentive, c'est comme faire un voyage ou dénouer un grand mystère. Chaque jour, nous perdons notre attention un nombre illimité de fois, et nous nous perdons en réactions, déconnectés de ce qui arrive. Mais dès que nous reconnaissons que nous l'avons perdue, nous pouvons recommencer. En fait, quand nous reconnaissons que nous avons perdu notre conscience attentive, c'est que nous l'avons retrouvée, parce que la reconnaissance est elle-même une fonction de l'attention.

Lorsque nous voulons continuellement recommencer, le pouvoir de l'attention consciente se révèle de lui-même. La pratique porte ses fruits à chaque moment qui paraît, et aux moments à venir. L'attention n'est pas quelque chose d'abstrait ni de lointain ; elle devient vivante pour chacun d'entre nous dès que nous commençons, et quand nous recommençons. C'est le cœur même de la pratique.

Goutte à Goutte

Au cours d'une retraite de méditation, souvent les disciples vont aux entretiens, honteux et bouleversés, parce qu'ils ont eu des difficultés à rester attentifs, comme s'ils avaient glissé d'une montagne, et se demandant encore s'ils ne pourraient pas y regrimper en rampant. Parfois, on a l'impression qu'ils ne sont pas sûrs même d'être dignes d'essayer, car ils sont restés si éloignés de la voie. Mais il n'y a aucune distance à parcourir pour redevenir attentif, ou aimant, ou compatissant. Nous avons simplement besoin de reconnaître que ces qualités sont déjà à portée de la main, à chaque moment de conscience.

Dans ma propre pratique, l'une des images simples que le Bouddha a utilisées, m'a été d'un grand secours. Le Bouddha a dit : «Le mental sera rempli de qualités comme l'attention consciente, comme la gentillesse aimante, moment après moment – juste comme un seau se remplit d'eau goutte à goutte.» Dès que j'entendis cela, je vis clairement deux tendances puissantes de mon esprit : L'une était de rester à côté du seau, perdue à conjecturer combien ça sera passionnant et merveilleux quand le seau sera plein. Mais pendant que je me perdais dans les gloires de mon illumination à venir un jour, je négligeais d'ajouter une goutte. L'autre tendance, également forte, était de me tenir à côté du seau, désespérée de voir qu'il est vide, et encore plus d'envisager tout ce qui reste à faire – encore une fois, n'ayant ni la patience, ni l'humilité, ni le bon sens d'ajouter une goutte en ce moment, en étant attentive.

Non seulement nous pouvons nous perdre en jugements au sujet de notre seau, mais nous avons aussi tendance à perdre beaucoup de temps à regarder dans le seau des autres. Est-il plus plein que le nôtre ? L'est-il moins ? Qu'est-ce qui se passe là-bas ? En réalité, cette méthode consistant à comparer, induit en erreur, et est inadéquate. Tout d'abord, ce que nous voyons de l'extérieur est notre projection de l'expérience apparente de quelqu'un. En fait, «le seau» ne se remplit pas par l'accumulation d'expériences spéciales ; il se remplit par des moments d'attention ou des moments de sollicitude aimante. Ce qui est essentiel, ce n'est pas ce qui arrive à quelqu'un, mais son rapport à ce qui lui arrive. Comparer les expériences n'a rien à voir avec la perception de la profondeur de la compréhension spirituelle de quelqu'un, ou de sa compassion ou sa conscience.

Nous comparer aux autres, ou même à nos propres idées de progrès, nous conduit à objectiver des qualités comme l'attention consciente et la gentillesse aimante, en faisant ainsi quelque chose à obtenir et à thésauriser, pour pouvoir entrer dans le club des bonnes personnes. Quand nous objectivons des gens ou des états d'esprit, nous les considérons du point de vue de la possession ou de la non-possession. Inévitablement, la distance, la séparation, sont créées, entre soi et quelque «chose», ou entre soi et autre. Une fois qu'il y a séparation, il y a peur de la perte, et nous sommes à nouveau dans le cycle de l'attachement et de l'angoisse.

L'attention consciente et la sollicitude aimante, ne sont pas des objets que nous pouvons avoir ou ne pas avoir. Nous ne pouvons jamais les perdre. Nous pouvons perdre contact avec ces qualités de cœur, mais ici et maintenant, nous pouvons les recouvrer. Il n'y a pas de travail de réparation à exécuter, ni de lutte nécessaire à mener pour les récupérer. A chaque moment, quoi qu'il arrive, nous pouvons être attentifs et compatissants. En un instant, le mental peut entrer en contact avec ces qualités pour les connaître à nouveau. Il s'agit d'un processus de reconnaissance de ce que la pleine conscience peut se trouver en n'importe quel moment. Dans ce sens, le seau est totalement rempli à chaque goutte.

L'objet de Notre Désir

L'UNE DE MES AMIES fit un très long séjour dans un monastère – elle y resta plusieurs années – pratiquant avec l'un des maîtres Zen les plus renommés de notre époque. Elle le fit venir aux Etats-Unis. L'endroit qu'il voulait visiter, de préférence à tous les autres, était Las Vegas. Quand elle me raconta cela, je fut choquée : «Il n'a pas joué, n'est-ce pas ?», demandai-je. «Oh non !», me répondit-elle. «Beaucoup de Coréens qui s'étaient rendus aux Etats-Unis lui avaient parlé des lumières de Las Vegas. Il voulait aller voir toutes ces illuminations». Le maître Zen, à Las Vegas, eut certainement une perception très différente de celle de la plupart des touristes. Pour eux, les lumières exercent une attraction, vers ce qu'elles annoncent et promettent. Je pouvais m'imaginer le maître Zen marchant dans la foule, nullement attiré par ce qui est annoncé et promis, mais se réjouissant dans les lumières elles-mêmes.

Notre monde est assez semblable à la rue principale de Las Vegas : scintillant de plaisirs attrayants, vers lesquels nous tendons la main, à cause du bonheur que chacun promet. Mais pour développer une relation avec ces «lumières brillantes» qui nous apporteront le vrai bonheur, nous avons besoin d'apprendre à jouir de l'exposition, sans y être attachés. La voie spirituelle, après tout, a trait au bonheur – un bonheur formidable – mais un bonheur qui n'est pas lié à l'engouement, ou à la confusion, et qui n'est pas soumis au changement constant.

Nous aimons tous les expériences agréables et nous avons la chance d'en connaître, mais si nous nous perdons dans l'attachement, ce plaisir devient inévitablement de l'attachement, et alors nous souffrons. Lors d'une conférence à laquelle j'ai participé au Monastère de Gethsemani (Kentucky), le Dalaï-Lama parla de la visite du monastère à laquelle on l'avait convié plus tôt dans la journée. Il commença par dire qu'il trouvait très impressionnant que le monastère soit à même de subvenir à ses besoins, grâce à la production de fromage et de cakes. Puis, au cours de cette présentation formelle, en présence des caméras de télévision, le Dalaï-Lama dit : «On m'a offert un morceau de ce fromage maison, qui était très bon, mais ce que je voulais en réalité, c'était du cake !» Il se mit alors à rire à gorge déployée, et répéta : «J'ai eu tellement de chance ! – vraiment, je souhaitais que quelqu'un m'offre un peu de cake, mais personne ne l'a fait !» Sa candeur enfantine était merveilleuse, sans rien de forcé. Il pouvait être tout à fait heureux sans part de gâteau, et participait à son état de bonheur, sa capacité même à rire de son désir de cake – et à pouvoir en parler sans la moindre honte devant des dignitaires des deux religions et les spectateurs de télévision !

Il est merveilleux d'obtenir ce que nous voulons, et nous sommes chanceux quand le cake est offert et que nous pouvons en jouir. Mais quand nous voulons quelque chose, pour combler un désir lancinant, cherchant un sentiment de possession, alors, nous sommes prisonniers de l'attachement. Nous essayons de combler un vide qu'aucun objet ne saurait combler. Quelque chose comme la pure conscience ou la compassion profonde pourrait le combler – mais pas un objet éphémère.

Le message que nous recevons souvent dans notre société, c'est que nos vies sont insuffisantes. Nous n'avons pas assez, nous sommes en manque d'une certaine façon, et si nous achetions cette chose, nous pourrions être heureux. Nous voulons à tout prix trouver un bonheur stable, qui ne se démente pas, sûr, simplement en obtenant quelque chose (car obtenir une chose est quelque chose qui est parfois à notre portée). De même, nous espérons que nous pourrons empêcher de changer jamais ce que nous avons obtenu (ce qui est quelque chose qui nous est impossible). Cherchant à obtenir encore et toujours, nous nous fixons sur la personne, la chose, que nous désirons, et nous nous efforçons de la revendiquer comme «nôtre», essayant de la contrôler et de l'empêcher de changer.

L'un des aspects étonnants du mental, c'est qu'il puisse s'attacher à quelque chose. Nous pouvons être attachés à un sentiment de calme, ou à l'intensité. Nous pouvons être attachés à la crise, la catharsis, la stupeur – à n'importe quoi. Nous pensons que nous avons désespérément besoin de l'objet de notre attachement, quel qu'il soit, pour nous sentir vivants, «complets».

La formidable ironie de l'attachement, c'est que nous nous perdons dans cet état d'esprit, précisément parce que nous voulons nous sentir connectés, plutôt que séparés et isolés. Nous commettons l'erreur de croire que la possession va renforcer la connexion, la renouveler et l'approfondir. Mais la vie elle-même est changement. Nous pouvons lutter contre cette vérité fondamentale de l'impermanence. Nous pouvons réparer, ou éloigner, ou remplacer les «objets» quand nous essayons d'alimenter le «bonheur», ou nous pouvons nous convaincre que nous sommes en connexion quand nous tendons la main vers la prochaine chose qui passe, mais le bonheur de la vraie connexion restera hors de portée.

L'attachement est considéré comme l'un des Cinq Empêchements qui apparaissent communément dans l'esprit, rendant la concentration difficile, et nous entraînant loin de l'attention, dans les actions inconscientes qui finalement sont pour nous causes de douleur. Les quatre autres empêchements sont, selon la tradition, l'aversion, la paresse et torpeur, l'agitation, et le doute. Les obstacles sont l'expression de notre apparente séparativité. Quand nous nous méprenons sur ces états d'esprit, et que nous ne pouvons pas nous empêcher de les suivre, ils sont pour nous causes de souffrance. Cependant, quand nous en usons habilement, les incluant dans notre champ de conscience et de compassion, ils peuvent devenir une base favorable, pour la découverte de notre connexion inhérente avec tout ce qui vit.

Comment utiliser adroitement l'attachement ? Notre tendance est de nous centrer si fortement sur l'objet de notre attachement, que nous en venons à ignorer le sentiment d'attachement même. Les «lumières brillantes» sont si distrayantes, si enchanteresses, que nous y sommes attirés sans pouvoir prendre conscience de la nuance d'attachement que nous éprouvons. Quand nous éprouvons directement le sentiment d'attachement, nous cessons d'en être entichés, et nous rompons l'enchantement. Quand nous pouvons sentir la douleur de l'attachement sous sa forme dépouillée, nous cessons de lui permettre de gouverner nos vies, et de diminuer notre capacité à la joie et à la connexion.

La considération de l'attachement avec attention, nous donne un courage formidable. Non seulement nous apprécions les moments où nous obtenons ce que nous voulons, mais aussi, nous ne sommes pas emportés par la déception quand ce n'est pas le cas. L'attention consciente nous donne une immense «spaciosité» d'esprit. Nous pouvons nous départir de notre habitude d'attachement, d'expérience réifiante, de contraction de nos esprits sur ce que nous voulons. Cela nous donne aussi la faculté d'avoir de la compassion, quand nous voyons la douleur vers laquelle nous et les autres sommes entraînés, encore et toujours, par l'obstacle de l'attachement. Enfin, nous découvrons que nous n'avons pas à nous accrocher à quelque chose, à obtenir toujours ce que nous voulons, pour être heureux. Nous réalisons que le courage, la «spaciosité» de l'esprit, et la compassion, sont eux-mêmes les ingrédients d'un bonheur durable.

Colère

UN JOUR, quelqu'un m'envoya un message, par messagerie électronique, qui m'interrogeait sur la nature de la colère. Je répondis : «Bon; l'une des choses douloureuses quant à la colère, c'est la tendance que nous avons, quand nous sommes sous son emprise, de mettre les gens dans une boîte.» Nous bornons l'objet de notre colère, que ce soit nous-mêmes ou d'autres personnes, à une certaine définition, et nous ne pouvons pas voir au-delà. Juste après avoir envoyé la réponse, il y eut un problème de communication entre mon ordinateur et mon imprimante. Terriblement frustrée, je me mis à quatre pattes, et je commençai à débrancher des fils d'un endroit pour les brancher ailleurs, essayant de voir d'où venait le problème. La personne la plus compétente en électronique de notre équipe de l'Insight Meditation Society, où j'habite, était partie en vacances, et je fus très en colère contre lui. Mon mental était tellement obnubilé par la pensée :

«Pourquoi n'est-il pas ici quand j'ai besoin de lui ?», que je perdais complètement de vue le fait que c'est moi qui lui avais dit de partir, de s'évader un peu de l'IMS, et je l'avais même aidé à prendre des dispositions pour son voyage. J'étais aussi en colère contre moi-même, pour être aussi peu au courant du fonctionnement des ordinateurs, m'accablant : « Pourquoi n'es-tu pas fichue de résoudre ce genre de problème ? » Et c'est alors que je pus, malgré l'image négative de moi-même que je m'étais forgée, résoudre le problème.

Peu après, il y eut un nouveau message ; c'était mon correspondant, qui, cette fois, disait : «Je ne vois pas exactement ce que vous voulez dire, quand vous affirmez que la colère conduit à mettre les gens dans des boîtes.» Je lui répondis immédiatement, lui disant que c'est précisément ce que j'avais fait vis-à-vis de mon ami expert en ordinateurs, et de moi-même.

La colère est un état d'esprit qui déteste ce qui arrive, et qui se bat contre cela. La colère veut créer la distance et rompre la connexion. C'est un état d'esprit qui ne s'attache pas aux choses, mais qui au contraire, cherchant les fautes, s'en écarte. Pensez à ce qui arrive quand vous êtes en colère : le mental devient très étroit et tendu. Il isole le «problème» et se fixe uniquement sur quelqu'un ou sur quelque chose. Perdus dans cet état, nous nous retrouvons dans un tunnel, et nous n'en voyons pas la sortie. Nous oublions la voie du changement. Et ainsi nous nous mettons, nous mettons les gens, et les situations, dans des boîtes : «C'est comme ça, et cela a toujours été comme ça, et ça continuera.»

Parce que nous ne voyons pas d'autres possibilités, et que nous ne pouvons rien imaginer au-delà de nos blessures et de nos pertes, nous nous sentons submergés, et nous sommes pris de panique. Nous perdons la perspective, et nous oublions que les choses changent.

Perdus dans la colère, nous tendons à penser que nous devrions être à même de maîtriser les éléments de notre vie. Nous nous blâmons quand nous ne le pouvons, même quand ces événements sont totalement en dehors du contrôle de qui que ce soit. Ce n'est pas moi qui avais fait que la connexion entre l'ordinateur et l'imprimante avait été interrompue, mais j'étais tellement en colère contre moi-même, pour mon incapacité à trouver ce qu'il fallait faire, que c'est à peine si je pris conscience que je faisais quelque chose dans ce sens.

La colère est l'état d'esprit qui déteste ce qui arrive, qui le combat. Elle tend à créer des distances, à déconnecter. Elle détourne l'esprit de l'attachement aux choses, car elle est à la recherche du défaut. Quand la colère devient forte, c'est souvent une conséquence de la projection extérieure de notre insatisfaction intérieure. Où que nous regardions, ça ne va pas. Quand nous entrons dans une pièce, ce que nous y voyons ne nous plaît pas. Nous n'aimons pas ce que porte cette personne, nous n'aimons pas celui ou celle avec qui cette personne est, nous n'aimons pas le papier mural, etc. Nous connaissons tous probablement quelqu'un qui ne semble jamais satisfait, quelle que soit la situation, dont le visage a une expression perpétuellement aigrie, qui est souvent simplement réactif – tout cela par simple habitude d'être en colère.

Il n'est pas juste de considérer que la colère, en soi, soit mauvaise ou erronée. C'est simplement un autre état d'esprit qui arrive en réaction aux circonstances. Il est naturel d'être parfois en colère, spécialement quand on a affaire à la cruauté ou à l'injustice, et cette colère peut percer le brouillard d'apathie qui entoure ces situations. Quand il se trouve que nous sommes ignorés ou non reconnus, quand on nous a mis dans une boîte, nous pouvons réagir avec colère. C'est bien compréhensible, mais c'est encore douloureusement limitateur et confus. Notre esprit devient étroit et notre cœur se ferme. Nous nous sentons très seuls, et nous cherchons à nous ressaisir sans peut-être avoir une entière compréhension de la situation.

Nous devons comprendre comment la colère fonctionne, et comment elle nous affecte ; mais nous n'avons pas besoin de nous condamner parce que nous y avons été sujets. La colère nous donne-t-elle l'énergie d'opérer des changements de façon durable ? Nous permet-elle de voir clairement ? Nous rend-elle réellement capables de contrôler une situation, une personne, notre corps, ou notre esprit ? Nous confère-t-elle l'aptitude à opérer des changements ? Ou bien plutôt, lorsque nous sommes en proie à la colère, n'agissons-nous pas agressivement, de façon à empêcher tout changement réel ?

Il est important de rechercher la nature de la colère, parce que c'est une énergie très puissante, et qui peut devenir très destructrice. Quand nous pouvons faire face à notre colère sans en avoir peur, sans être en...colère contre elle, ou sans défense devant elle, alors, nous pouvons la voir de très près. Et quand nous sommes capables de la regarder de près, nous distinguons les fils de différents sentiments – la tristesse, la peur, qui la tissent – et nous pouvons voir sa vraie nature. Quand nous pouvons découvrir le désarroi et l'impuissance qui souvent alimentent la colère, nous les transformons. En étant conscients de ces sentiments, nous pouvons utiliser réellement l'énergie de la peur – sans nous y perdre, ni nous laisser terrasser par son terrible pouvoir d'illusion et de fixation – pour révéler le courage et la compassion qui ont été cachés.

Attendre de Vivre

QUAND JE PRATIQUAIS LA MÉDITATION en Birmanie, nous devions observer les huit préceptes bouddhistes traditionnels, dont celui qui interdit de manger après midi. En fait, le déjeuner étant servi à 10 heures du matin, toute la nourriture de la journée était prise à dix heures et demie. Après, plus de thé, de nourriture, rien à consommer. Je me rappelle le long chemin à parcourir du réfectoire à ma chambre, sachant qu'il n'y aurait plus rien à manger le reste de la journée. Ce qui m'attendait, entre 10h 30 du matin, et 11h du soir, c'était une pratique intensive de la méditation : s'asseoir et marcher, s'asseoir et marcher, s'asseoir et marcher, rien de plus. A chaque pas sur ce chemin qui me ramenait du réfectoire à ma chambre, je me sentais plus fatiguée. Au moment où j'arrivais chez moi, j'étais très endormie. Ce n'était pas que j'eusse réellement besoin de sommeil; mais la perspective d'un tel manque de stimulation était si effrayante, que tout ce que je voulais, c'était m'étendre et tout oublier.

Dans nos vies, nous sommes accoutumés à un certain degré de stimulation. En fait, nous comptons sur lui pour qu'il nous tienne éveillés, qu'il nous aide à nous sentir vivants. Dans la pratique de la méditation, plus nous devenons sensibles à l'aspect subtil des choses, plus nous nous apercevons que nous sommes des «drogués de l'expérience», toujours en manque de niveaux de stimulation toujours plus hauts. Avec la pratique de la méditation, nous nous accoutumons à la tranquillité, et nous finissons par nous lier d'amitié avec le calme de nos sensations. Mais cela demande encore une correction, et, au cours de ce processus, c'est souvent que nous sommes en proie à d'intenses accès de somnolence.

Dans cet état, appelé dans les enseignements du Bouddha «paresse et torpeur», le mental devient très lourd, épais, et peu maniable. Il y a souvent un sentiment d'ennui et de déconnexion, à l'égard de tout ce qui peut se présenter à nous, intérieurement ou extérieurement. Ayant le sentiment d'être bercés pour nous endormir, alors que nous méditons, nous devenons intensément somnolents, léthargiques. Il y a de temps en temps un état de conscience «flottant», «onirique», mais cet état du mental ne comporte guère d'attention ni d'énergie. Cependant, dès que quelque chose de stimulant se manifeste, comme la cloche annonçant le repas, toute notre torpeur disparaît en un clin d'œil.

A un certain moment de ma période initiale de pratique, alors que je vivais dans un monastère en Inde, je reçus comme instruction de prendre mentalement note de mon expérience prédominante. Tout au long de la journée, je devais «prendre note», que je fusse assise, debout, en train de marcher, ou allongée, de tout ce qui arrivait le plus fortement. Je commençai à prendre conscience de ce que la remarque mentale la plus fréquente que je faisais était, «attendre». Quand je me déplaçais dans le grand ensemble architectural des temples, je l'entendais continuellement me dire mentalement : «attendre... attendre... attendre... attendre». Je finis par me dire : «Qu'attends-tu ?» A ce moment, je réalisai que j'étais dans l'attente que quelque chose d'assez stimulant, ou d'assez important, ou d'assez spirituel, se produise, pour que j'en prenne mentalement note ! J'étais comme un magnétophone sur le bouton «pause» duquel on aurait appuyé. J'attendais que la vie arrive – plus tard.

Ne pas être suffisamment vivant pour être attentif à ce qui arrive juste maintenant, tel est le ferment de la somnolence, de la torpeur. Dans la méditation, cela se manifeste comme de la somnolence. Dans nos vies quotidiennes, cela peut signifier attendre que la vie commence. Nous sommes capables de vivre plus pleinement, au lieu d'attendre simplement que quelque chose d'autre se produise; la vie peut être plus que de dormir jusqu'à ce que le prochain événement stimulant n'arrive. En Birmanie, je finis par découvrir que m'asseoir et marcher, m'asseoir et marcher, contenaient mon expérience la plus vraie et la plus pleine. Il n'y avait rien que l'on pût attendre. Dans ces moments d'«attente», ma vie s'était épanouie juste devant moi. Tant que je n'eus pas cessé d'attendre que quelque chose d'autre arrive, je ne pus pas du tout voir cela. Apprendre à vivre pleinement, attentifs à chaque instant, tel est le présent que la pratique de la méditation peut nous faire.

Agitation

SUPERFICIELLEMENT, la salle de méditation, au cours d'une retraite, ressemble à un havre de paix. Mais sous le calme apparent, maints orages, maintes batailles, éclatent, quand les méditants démêlent l'écheveau de leur mental. L'un des principaux obstacles à ce processus, c'est l'agitation – la puissante agitation de l'esprit. Tandis que chaque méditant est assis, attentif au moment présent, le mental peut se perdre en anxiété, quant au passé ou à l'avenir.

Je me souviens d'une retraite, à mes débuts. Je vivais en Inde, et j'avais décidé d'y rester le reste de ma vie. C'est quelque chose que je voulais avec force, mais je craignais de ne pas en obtenir l'autorisation de la part des autorités. Je m'assis pour méditer, et me mis à échafauder des plans pour pouvoir rester en Inde à jamais. Je pensais : «L'année prochaine, quand je devrai renouveler mon visa, j'irai à tel bureau, parce que j'ai entendu dire que le fonctionnaire qui est chargé là du renouvellement des visas, a beaucoup de sympathie pour ceux qui pratiquent la méditation, et je sais qu'il acceptera. Et puis l'année d'après, j'irai à tel autre endroit, parce qu'on m'a dit que le fonctionnaire chargé du renouvellement des visas est corrompu et acceptera un bakchich. Puis l'année suivante, j'irai ailleurs, parce qu'à ce moment, au bout de deux années de séjour, quelqu'un comprendra sûrement mon désir de rester. Et puis l'année suivante, je retournerai au premier endroit...» Et ainsi de suite. Mon esprit était fondamentalement le jouet de l'anxiété. Je me levais et méditais en marchant, revenais m'asseoir, puis passais mon plan en revue, convaincue qu'il ne réussirait que s'il était parfait. C'est cela, l'agitation.

L'agitation, souvent, vient d'un désir de contrôler ce qui est incontrôlable de façon inhérente. L'agitation inévitable qui s'ensuit quand nous faisons cela, nous cause une grande souffrance. Du point de vue bouddhiste, l'agitation est un obstacle majeur, parce que lorsque nos esprits sont empreints d'anxiété et de pensée obsessionnelle, il nous est impossible de voir clairement.

Parfois, l'esprit peut être en proie à l'anxiété au sujet du passé, au lieu d'être perdu d'angoisse au sujet de l'avenir. Très souvent dans la pratique de la méditation, à mesure que nous voyons plus profondément dans nos psychés, les souvenirs commencent à affluer : choses que nous avons faites, ou que nous n'avons pas faites, qui ont causé de la douleur, à nous et aux autres. Une fois, alors que je méditais avec U Pandita, en Birmanie, mon entrevue eut lieu juste après celle de Joseph Goldstein. Cela voulait dire que, alors que j'attendais au fond de la pièce, je pouvais entendre la fin de l'entretien avec Joseph. Il avait l'air abattu. Il dit à U Pandita : «Je me suis souvenu de quelque chose de moche que j'ai fait il y a plusieurs années. Ce souvenir m'a beaucoup traumatisé.»

Joseph et moi étions bons amis depuis seize ans, et je fus naturellement très intriguée. Nous faisions une retraite silencieuse, mais j'eus l'occasion de l'interroger plus tard à ce sujet. Peu de temps après notre départ de Birmanie, je lui demandai un jour : «Juste en passant, ce jour où tu étais si malheureux, de quoi t'es-tu souvenu, de ce que tu avais fait dans le passé ?» Joseph raconta un incident qui était arrivé vingt-six années auparavant.

Une fille avait invité Joseph pour l'anniversaire de ses seize ans, et il n'avait pas envie de venir. Il ne vint pas. En fait, rares furent ceux qui vinrent, et la fille en fut très blessée. Et toutes ces années plus tard, les sentiments de rejet qui avaient accablés la jeune fille, se mirent à se déverser devant Joseph alors qu'il méditait. Il peut sembler s'agir d'une chose bien minime, mais parfois le souvenir d'une souffrance qu'on a infligée, quand il apparaît dans l'esprit, peut susciter une grande agitation.

Mais nous ne pouvons pas plus contrôler les événements du passé que ceux de l'avenir. Nous ne pouvons pas non plus empêcher les souvenirs d'apparaître dans notre mental. Mais nous pouvons choisir la façon dont nous allons réagir à la douleur que nous ressentons, au sujet d'actions incorrectes que nous pouvons avoir commises. Nous pouvons nous y attacher, pris dans la culpabilité et le jugement de soi, ou nous pouvons nous pardonner et nous en libérer.

Dans la psychologie bouddhiste, il est fait une distinction intéressante entre le remords et la culpabilité. Le remords est considéré comme un état d'esprit convenable et adroit. Nous reconnaissons que nous avons dit ou fait quelque chose qui a fait du mal de quelque façon, et nous en sommes affligés. Mais parce que, essentiellement, nous nous pardonnons, nous pouvons lâcher prise, et ainsi nous avons l'énergie, l'inspiration, de ne pas répéter de semblables fautes. La culpabilité, en revanche, est considérée comme incorrecte et malhabile, à cause de la haine de soi qu'elle recèle. Nous repassons, encore et encore, la chose nuisible que nous avons faite, nous blâmant sans cesse, jusqu'à ce que nous soyons vidés. La conséquence de cela, c'est qu'il ne nous reste plus assez d'énergie pour transformer nos actions. Notre esprit reste agité.

Que l'agitation soit causée par l'anxiété au sujet du futur ou du passé, l'objet de la pratique, c'est la libération. Pour mettre un terme au cycle de la souffrance, nous pouvons nous engager dans l'action habile. Le discours que tint U Pandita à Joseph, ce jour-là, fut :

«La connaissance honnête de ce que vous avez mal agi est douloureuse. Vous êtes votre meilleur témoin ; vous ne pouvez vous cacher de vous-même. Maintenant, il est temps de bouger ; considérez le sentiment douloureux paisiblement, sans aversion, et votre esprit trouvera le bien-être.»

Quand je demandai à Joseph la permission de raconter cette histoire, il me demanda en retour quel point je voulais illustrer avec elle. Je lui répondis : «Les grands remords que nous pouvons avoir au sujet d'une petite chose.» Il dit : «Ce n'était pas une petite chose. Elle fut vraiment blessée.» L'incident qui a fait souffrir un autre, quel qu'il soit, nous blesse, et cela peut avoir pour conséquence l'agitation du mental.

Il est important, quand nous sommes en proie à l'agitation mentale, d'élargir notre conscience jusqu'au sentiment – ou à l'émotion – non reconnu qui se trouve sous la pensée obsessionnelle. De n'avoir pas fait face à notre angoisse, ou à notre sentiment de culpabilité, lui permet de se transformer en agitation mentale. Notre tâche consiste à nous mettre au-dessous du niveau des pensées répétitives, et, avec attention et compassion, de faire l'expérience de ce que nous ressentons vraiment.

De la sorte, nous pouvons éprouver à la fois repos et libération, allant au-delà de la relation habituelle avec notre souffrance. C'est le bonheur qui apparaît, non pas à partir de ce qui nous arrive, mais de la façon dont nous nous mettons en relation avec ce qui nous arrive. Nous nous mettons en rapport avec nos sentiments, avec cette connaissance intérieure : «C'est très bien. Je dois expulser cette souffrance. Je ne dois pas me perdre en elle. Il suffit d'y être simplement attentif.»

Cette relation ouverte avec nos sentiments est l'antidote à l'agitation, la culpabilité, et l'angoisse. Quand nous acquérons la faculté de nous ouvrir à nos sentiments sous-jacents, nous pouvons transformer la souffrance en remords avisé. Etre conscient de ce dont nous faisons l'expérience avec une attitude paisible, nous permet d'être conduits à l'intérieur de l'agitation.

Pardon de Soi

LE POÈTE RUMI A DIT: «La souffrance naîtra de ce regard jeté à l'intérieur de vous-même, et cette douleur vous fera aller au-delà du voile.» Quand nous voyons clairement comment nous avons blessé les autres, dans ce moment de ressouvenir, nous éprouvons de la souffrance. Et cette souffrance peut devenir un instrument pour notre transformation. Allant «au-delà du voile» de l'illusion, nous cessons de nous considérer comme «mauvais», et nous nous ouvrons à la nature souffrante de l'expérience.

Nous savons qu'il peut être terriblement douloureux d'évoquer le mal que nous avons fait aux autres. J'ai médité en compagnie d'une femme dont le mari se livrait depuis des années à des abus sexuels sur leur enfant ; pendant ce temps, elle s'ingéniait à ignorer son intuition avec cette pensée : «Cela ne peut pas être vrai». J'ai aussi médité en compagnie d'un homme qui, pris de rage incontrôlée, avait battu des femmes, et avec un autre qui se trouvait dans le quartier des condamnés à mort ; il avait tué quelqu'un, au cours d'un vol. Et je me suis assise avec ma propre évocation du mal que j'avais infligé aux autres. Quel qu'en soit le degré, la souffrance infligée à un autre être nous fait souffrir nous-mêmes.

Nous pourrions penser que de repasser une action ayant causé de la souffrance, encore et encore dans notre esprit, avec une haine de soi déchirante, est une manière d'expiation, mais c'est la compassion, qui est la véritable expiation. Quand nous sommes envahis par la culpabilité, notre identité s'effondre, et nous pensons : «C'est ce que je suis vraiment, celui qui…» Tandis que notre sentiment de nous-mêmes se rétrécit de la sorte, nous nous punissons de façon répétée par le malheur, la séparation, la solitude, le désespoir. C'est ce que nous pensons mériter. Nous aurons beau entendre quelque chose comme l'enseignement du Bouddha, disant que tous les êtres vivants veulent être heureux et avoir tous les éléments pour l'être – notre sentiment d'isolement n'en sera que plus grand.

Il y a longtemps, alors que je méditais au cours d'une retraite, je me suis retrouvée évoquant une période difficile de ma vie. Je n'aimais pas me rappeler certaines de mes actions, mais je découvris que lorsque je me mettais à considérer mon comportement comme faisant partie d'un ensemble d'événements interconnectés, je pouvais plus facilement me comprendre et me pardonner. Je pouvais voir clairement comment, quand chaque événement venait à l'être, il créait les conditions de l'apparition de l'événement suivant.

Dans les enseignements traditionnels, on utilise une analogie pour décrire une telle série causale d'événements interconnectés. Quand le grand océan est à marée haute, les fleuves montent ; quand les fleuves montent, les petits cours d'eau du delta croissent. Quand l'océan est à marée basse, les fleuves baissent et les petits cours d'eau aussi. L'influence gravitationnelle de la lune sur les étendues d'eau est telle que les eaux, sauf en de rares exceptions, agissent en accord réciproque. Avec l'apparition d'une chose, vient une autre chose, qui y est liée. L'existence d'un événement est conditionnée par un autre. De même, tous les éléments de notre existence – le mental et le corps, nos mondes intérieur et extérieur – sont interdépendants.

Au cours de la retraite, je vis que les éléments de ma vie, comme les océans et les fleuves, s'étaient déployés selon une suite logique. Je vis que j'avais fait de mon mieux dans les circonstances qui s'étaient présentées. Etant donné les conditions qui prévalaient à cette époque, il était peu vraisemblable que j'eusse pu agir d'une autre façon. Un comportement différent eût requis une autre compréhension, qui aurait nécessairement été fondée sur une information et une expérience différentes.

Nous ne pouvons défaire ce que nous avons fait, et nous ne pouvons échapper aux résultats de nos actions. Mais au lieu de nous haïr ou de demeurer dans une honte désespérée, nous pouvons changer considérablement le terrain dans lequel nos graines karmiques mûrissent, en acquérant attention et sollicitude compatissante. C'est la base de la vie spirituelle.

La loi du karma, qui est la compréhension morale et spirituelle de l'action, signifie que l'intention ou la motivation qui sont derrière une action, déterminent le genre de graine que nous semons à tout moment. La graine, quand la condition apparaîtra, germera tôt ou tard. Mais la loi du karma n'opère pas avec une rigidité mécanique. Si le monde était ainsi, il n'y aurait rien que nous pussions faire pour modifier le cours de notre vie. Il n'y aurait pas de possibilité de voir la fin de la souffrance, et la vie spirituelle n'aurait pas lieu d'être.

De même que la nature fait intervenir une multitude de variables dans la maturation d'une graine, ainsi la graine de notre intention n'existe pas isolément. Le fruit résultant d'une action, dépend non seulement de la graine, mais aussi des caractéristiques du terrain dans lequel la graine mûrit. Parce que nous recréons continuellement les influences qui agissent sur notre vie, le terrain dans lequel nos graines karmiques germent est en changement continuel. Ainsi, la possibilité d'une vie spirituelle, et de mettre fin à la souffrance, existe.

Si nous avons fait quelque chose d'inadéquat ou d'incorrect, et que nos vies deviennent alors fortement influencées par la compassion, l'attention, et la sollicitude aimante, alors, le terrain dans lequel notre graine karmique a été semée, est radicalement modifié, et cela change tout. C'est une transformation que nous pouvons entreprendre tout de suite.

Nous commençons à utiliser l'attention et la sollicitude aimante pour regarder directement la souffrance que nous avons causée aux autres, et celle que nous éprouvons nous-mêmes. Nous regardons notre honte, notre culpabilité, notre peur, et notre tristesse, avec compréhension et compassion. Nous voyons la différence entre le fait de dire : «Je suis très mauvais, et c'est tout ce que je suis», et cette estimation : «J'ai fait quelque chose de très fautif, et j'éprouve du remords pour cela.» Quand nous pouvons faire l'expérience du courant de nos sentiments avec clarté, équanimité, et une présence aimante – sans jugement, sans étroitesse – notre esprit devient comme le miroir réfléchissant tout ce qui apparaît. Au cours du processus, le mental semblable au miroir reflète aussi sa vraie nature : rayonnement naturel, pureté naturelle, luminosité naturelle. Comme le disait le Bouddha : «Le mental brille».

Nous pouvons découvrir la capacité du mental à être consciemment attentif, à aimer, à recommencer. Même si nous avons pu agir maladroitement auparavant, nous découvrons la clarté et la paix qui sont l'essence de ce que nous sommes vraiment, plutôt que l'avidité ou la colère ou la peur, qui nous ont poussés à blesser quelqu'un. Ce n'est pas comme si nous devions faire quelque chose pour être dignes de cette essence – c'est simplement naturel à notre être. Il se peut que nous en ayons été séparés tout au long de notre vie, mais elle n'est pas partie, ni ne s'est estompée. Il se peut que nous l'ayons déshonorée ou que nous ayons violé sa promesse d'intégrité, mais elle demeure inchangée, et attend que nous la revendiquions comme nôtre.

Quand la souffrance nous pousse à «aller au-delà du voile» de la séparation apparente, nous nous connectons avec l'intégralité de la vie, et la place qui est la nôtre en son sein. La vie nous accepte ; elle ne fait qu'attendre notre acceptation de nous-mêmes. Nous pardonner, ne signifie pas excuser tout ce que nous avons fait, ou imaginer que la souffrance du ressouvenir s'en ira tout simplement. Cela signifie comprendre le grand réseau des conditions qui ont aidé à créer chaque action, et grâce à cette compréhension, obtenir de la compassion pour nous-mêmes, et les autres.

Voir Notre Voie Grâce au Doute

DÈS LE PREMIER MOMENT où j'ai commencé à pratiquer la méditation, j'ai eu l'impression de revenir chez moi. Je n'avais jamais eu de doutes quant aux bienfaits des enseignements du Bouddha, ou à la valeur de la pratique de la méditation. Des doutes, j'en avais eus au sujet d'autres choses : mon aptitude à pratiquer, celle de mon mental à se calmer – l'intensité de la compassion que je pourrais jamais éprouver. Et pendant quelque temps, j'avais eu des doutes importants concernant le choix de la pratique particulière.

Mon premier maître était de tradition birmane ; aussi ai-je pratiqué cette méthode de méditation pendant quelques mois. Puis quelqu'un me montra une photographie d'un lama tibétain. Je fus très intriguée, et je décidai de le rencontrer. Il devint mon deuxième instructeur. C'était une tradition différente, une lignée différente, et une façon différente de pratiquer. Je fus bientôt en proie à un dilemme. Je ne pouvais pas me décider, quant à la pratique à faire. Chaque fois que je m'asseyais pour méditer, je pensais de façon obsessionnelle : «Dois-je faire celle-ci, ou dois-je faire celle-là? Je gage que celle-là est plus rapide. Mais, après tout, peut-être est-ce celle-ci qui l'est le plus. Considérons les gens qui suivent cette pratique-là. Qu'est-ce que j'en pense ? Et ceux qui suivent cette pratique-ci ?» A chaque fois que j'étais avec mes instructeurs birmans, je leur demandais ce qu'ils pensaient de la pratique tibétaine, et lorsque j'étais avec mes instructeurs tibétains, je leur demandais ce qu'ils pensaient de la pratique birmane. Voués à leur propre tradition, ces instructeurs connaissaient très peu les autres pratiques, et les opinions qu'ils avançaient étaient parfois fondées sur des désaccords doctrinaux anciens.

En fait, je ne suivais aucune des deux pratiques. Au lieu de méditer, je m'employais à ruminer mon indécision sur la pratique qui serait la meilleure. Ne sachant pas quelle était la pratique la «meilleure», ou la plus «adéquate», je ne parvenais pas même à me concentrer sur un objet de méditation. A peine avais-je décidé d'être attentive à ma respiration, que je commençais à me demander s'il ne vaudrait pas mieux réciter un mantra ou visualiser une déité. Et plutôt que d'étudier avec mes instructeurs ce dont ils avaient la connaissance la plus profonde, je les questionnais au sujet de domaines dont ils n'avaient qu'une faible connaissance.

L'état d'indécision dans lequel je me trouvais est l'un des aspects de l'obstacle créé par le doute. L'un des effets les plus importants et les plus préjudiciables du doute, c'est qu'il nous empêche de nous mettre dans une attitude d'écoute vraie. Il nous empêche de laisser la vérité se révéler. Ainsi, quand le mental est prisonnier du doute, quand nous ajoutons foi à nos pensées sceptiques et que nous leur donnons du pouvoir, il nous est très difficile de progresser dans quelque pratique que ce soit.

Le doute rend l'engagement impossible. Nous répugnons à prendre le risque d'accorder du temps à une méthode, ou de permettre à la vérité de se manifester. Au lieu de permettre aux réponses d'émerger intuitivement, le doute exige qu'elles apparaissent sur-le-champ. Au lieu de se rapprocher de notre expérience, le mental qui doute nous éloigne de tout ce que le moment peut présenter pour que nous l'examinions – ordinairement, pour que nous le comparions avec quelque chose d'autre. Et ainsi, nous nous asseyons, pensant : «Est-ce que je fais bien ? Est-ce que j'agis parfaitement ? Est-ce que ça vaut la peine ? Qu'est-ce que je fais ici ?»

Réalisant que je m'étais ligotée avec mes doutes au sujet de la pratique à suivre, je sus que je devais débrouiller cela. Je devais m'engager dans une pratique déterminée. Peu importait laquelle, du moment que je la suivais pleinement. Je me dis : «Fais juste quelque chose. Point n'est besoin que ce soit un engagement à vie. Il n'est pas nécessaire que ce soit la décision absolument juste. Fais-le pendant six mois, fais-le un an, accorde-toi une période pour faire un essai. Fais-le, simplement, et vois ce qui arrive.» Je fus immédiatement à même de recommencer à méditer. Je recommençai aussi à apprendre quelque chose de mes instructeurs, en les interrogeant sur ce qu'ils connaissaient le mieux.

Il y a beaucoup de façons de voir grâce à l'obstacle du doute. L'une des plus efficaces, c'est de l'utiliser comme objet d'attention – de reconnaître la confusion, l'indécision, le questionnement, non pas comme une recherche authentique, mais simplement pour ce qu'ils sont : doute. Voyant cela, nous pouvons redevenir conscients de notre véritable dessein. Nous pouvons nous rappeler que notre pratique choisie est un contexte dans lequel nous pouvons permettre à la vérité de se révéler. Nous pouvons parfois avoir besoin de chercher des réponses à nos questions, par des entretiens avec un maître, ou par l'étude, de façon que nous puissions en venir à comprendre ce qu'est un doute sain, ou ce qu'est un doute qui nous laisse embourbés. Parfois, c'est juste une question de temps à s'accorder, comme ce que je dus faire quand j'essayai de choisir entre deux formes de pratique.

L'outil le plus important, quand on travaille avec le doute, c'est la confiance en sa propre capacité à voir la vérité. Quand j'ai eu cessé de me distraire avec mes questions sur la voie à suivre, j'ai pu faire face à mon doute le plus profond, qui sous-tendait toute l'activité mentale superficielle – avais-je vraiment la capacité de mener la pratique à son terme ? Dans l'obstacle représenté par le doute, ce genre de doute sur soi-même est peut-être le plus fondamental, et le plus insidieux.

«L'efficacité personnelle», un concept psychologique contemporain, est une qualité qui permet de relever les défis quand ils se présentent. Avec «l'efficacité personnelle», nous avons foi en nous-mêmes, en notre capacité à faire face aux difficultés. Une personne qui a un fort degré d' «efficacité personnelle» prend volontiers des risques, pour faire face à de nouveaux défis. Ce concept révèle que ce que nous croyons au sujet de nos propres capacités les affecte profondément. Notre aptitude à croître, à comprendre, à aimer, et à nous connecter, n'est pas une quantité limitée ou définie. Mais nous la limitons par ce que nous croyons à notre propre sujet.

Quand le doute de soi apparaît dans l'esprit, nous pouvons le transformer en auxiliaire efficace. Nous l'utilisons comme signal pour cultiver la confiance en notre propre capacité à faire face aux obstacles qui jalonnent tout naturellement le chemin de la découverte. Cette confiance fondamentale nous permet de faire face à n'importe quel niveau de doute. Alors, nous pouvons expérimenter de tout notre cœur, sans garder de parties de nous-mêmes en retrait de notre pratique et de notre vie.

La clef de la culture de la confiance en soi-même, c'est la compréhension de notre droit à faire la liberté nôtre. Dans un discours qui fait partie du canon bouddhiste, adressé par le Bouddha à un groupe de villageois troublés par les présentations différentes de tant de maîtres, il est dit : «Vous devez vous déterminer, non pas à partir de ce que vous avez entendu, ni en suivant les conventions, ni en vous appuyant sur les textes...et certainement pas par respect pour un maître. Quand vous savez pour *vous-mêmes* que 'ces choses sont malsaines, qu'elles tendent à causer des troubles et de la souffrance', alors, vous devez les abandonner. Quand vous savez *pour vous-mêmes* que 'ces choses sont saines, qu'elles tendent au bien-être et au bonheur', alors, les ayant adoptées, vous devez les garder.»

Quand nous réalisons que l'accès à la vérité est notre droit de naissance naturel, nous pouvons vaincre le doute qui cherche à nous séparer de notre expérience. Alors, nous allons aussi près que possible de chaque moment, non pas avec confusion, mais avec sagesse.

Le Repos du Mental Epuisé

LORS DE L'OUVERTURE de l'*Insight Meditation Society*, l'un des instructeurs, Steve Armstrong, fit une brochure «n° 0» qui arborait la brillante devise : «Mieux vaut ne rien faire que de perdre son temps». Cette devise ne fit jamais partie de notre présentation officielle, mais c'était une description précise de la méditation intérieure. Fondamentalement, nous entrons dans la pratique de l'attention pour apprendre à ne rien faire, de façon à ne pas gaspiller notre temps et notre vie. Nous apprenons à ne pas agir selon nos tendances habituelles, à ne pas commettre ces actions qui créent de la détresse pour nous-mêmes et les autres, et nous plongent dans des perturbations si importantes. Ne rien faire (le non-agir des taoïstes), ne signifie pas fermer nos esprits et aller dormir ; cela signifie se reposer – reposer le mental en étant présent à tout ce qui arrive maintenant, sans y surajouter l'effort d'essayer de le contrôler. Ne rien faire signifie être en paix.

Dans notre état d'esprit habituel, nous sommes continuellement en train d'activer le processus que, dans la terminologie bouddhiste, l'on appelle *bhava*, ce qui signifie «devenir». Dans cet état de «devenir», nous nous penchons subtilement vers le futur, essayant d'avoir de la sécurité, un sentiment auquel nous pourrions nous fixer, tentant d'empêcher les choses de changer. Nous sommes continuellement en déséquilibre dans cet état – nous efforçant de sentir la prochaine respiration, alors que nous n'avons pas fini la respiration actuelle.

Quand les maîtres bouddhistes parlent de «lâcher prise», ou d'abandonner, ou de renoncer, ils parlent de se décharger du fardeau du devenir, et de retourner notre conscience vers le centre naturel de notre être, de revenir à un état de paix naturelle. Le seul mouvement qui soit de quelque secours en méditation, c'est celui du retour, de la détente, de lâcher prise à l'inclination pour le futur, de cesser de saisir. Nous pouvons nous débarrasser même de l'anticipation de notre prochain souffle. Nous nous apaisons, revenons au présent, faisons retour vers nous-mêmes. C'est ce qui est signifié par «non-agir».

La méditation n'est pas la construction de quelque chose d'étranger ; ce n'est pas un effort d'obtention, ni de retenue, d'une expérience particulière. Nous pouvons désirer secrètement d'accumuler, grâce à la méditation, une réserve d'expériences magiques, ou au moins un trophée ou deux, et de pouvoir ensuite les exhiber afin que nul n'en ignore. Nous pouvons penser que nous accroîtrons notre valeur en tant qu'êtres humains, par un processus d'acquisition spirituelle, obtenant plus de bonté et de pureté, acquérant illumination et compréhension, avec un certain sentiment de propriété et de possessivité : «mon illumination», «ma compréhension claire». Notre mental typique de la culture de consommation, veut considérer l'illumination comme une représentation, ou un cachet social : «On va sûrement remarquer que j'ai été transformé.»

En nous débarrassant de ce désir lourd à porter, d'acquisition et de spectacle, nous pouvons laisser l'esprit demeurer en paix. Comme mon maître Nyoshul Khen Rinpoche le dit : «Faites reposer dans la grande paix naturelle, ce mental épuisé». Alors, plutôt que de gaspiller notre temps, nous pouvons, par notre «ne rien faire», aller dans le repos pénétrant et renouvelant du non-temps.

Le Tourment de la Continuité

LORS DE MA PREMIÈRE RETRAITE avec U Pandita, je prenais de brèves notes après chaque période de méditation assise ou en marchant. Je faisais cela, de façon à pouvoir lui décrire clairement mes expériences de méditation, lors de nos entrevues. Ainsi, je pris part à l'une de nos premières entrevues, prête à faire la présentation de ma pratique. Je commençai à raconter mes expériences de méditation, mais U Pandita m'interrompit : «Peu importe cela. Dites-moi tout ce que vous remarquez quand vous mettez vos chaussures». Je répondis : « C'est-à-dire que je n'ai jamais prêté une grande attention à cela». Il me dit d'essayer, et ce fut la fin de notre entrevue. Je passai le reste de la journée à être assise, marcher, et prêter une attention toute particulière quand je mettais mes chaussures, prenant note des intentions, des mouvements, et des sentiments.

Le lendemain, je vins pour l'entrevue, prête à rendre compte de ma méditation assise, de ma marche, de mes observations relatives à la mise de mes souliers, quand U Pandita dit : «Dites-moi tout ce que vous avez remarqué quand vous vous êtes lavée le visage». Malheureusement, je n'avais pas fait vraiment attention quand je m'étais débarbouillée, et je dus lui dire : «C'est-à-dire que je n'ai rien remarqué». Mon entrevue terminée, je sortis, m'assis, marchai, mis mes chaussures, me lavai le visage, tout cela avec beaucoup d'attention.

Chaque jour, U Pandita me posait une question différente. Ne sachant jamais quel sujet il pourrait aborder, je ne tardai pas à découvrir que je pratiquais l'attention consciente dans tout ce que je faisais – mettre mes chaussures, me coiffer, me brosser les dents, laver mes vêtements, regarder ma montre. D'abord, je trouvai cela lourd – à chaque instant, je devais être attentive. Je me mis mentalement à appeler cette retraite «le tourment de la continuité». Cependant, je ne tardai pas à voir que l'insistance sur la continuité de l'attention, était très importante. Dès que j'eus cessé de résister, je m'ouvris à une compréhension claire et profonde de ce que la méditation est en réalité.

Dans les enseignements bouddhistes traditionnels, ce qui est appelé les Dix-Neuf Façons d'Etre Attentif, est une «liste» qui couvre à peu près toutes les actions du corps que l'on peut accomplir en une journée. Outre qu'elle fait remarquer que l'on peut être attentif alors qu'on est assis, allongé, debout, et en train de marcher, la liste va jusqu'à parler de l'attention que l'on peut prêter quand on est penché en avant ou en arrière, que l'on regarde devant et sur les côtés, quand on s'étire intentionnellement, et quand on plie ses mains ou ses jambes ou son corps. Elle inclut aussi la manducation des aliments et l'absorption des liquides comme des moments où l'on doit être attentif – et aussi, mettre et ôter ses vêtements, aller aux toilettes, se lever, ouvrir les yeux. Cette longue liste finit en recommandant d'être attentif quand on doit parler et aussi quand on garde le silence. Les enseignements classiques indiquent clairement que la méditation n'est pas une simple affaire de s'asseoir et marcher ; la méditation inclut tout ce que nous faisons.

Cette pratique, qu'U Pandita m'a donnée, le tourment de la continuité, m'apporta en réalité un grand soulagement. Au lieu de penser que je devais rejeter tout ce que je devais faire, et me précipiter dans la salle de méditation pour avoir une grande expérience, je réalisai que tout ce que faisais était exactement ce dont j'avais besoin pour être attentive. Que je boive une tasse de thé ou que je pratique la méditation assise formelle dans la salle de méditation, je devais faire mon possible pour que la pratique soit également présente et consciente. S'étirer, se pencher, se lever, se baisser, voir, entendre, goûter. Chaque pas que je faisais en direction de la salle de méditation était aussi important que ce dont je faisais l'expérience quand j'étais assise sur mon coussin. Je n'avais pas à chercher une expérience merveilleuse ou une sensation rare. La méditation devint un mode de vie. A la fin de cette retraite, le préjugé que j'avais entretenu au sujet de la méditation véritable, à savoir qu'elle n'existait que dans la pratique formelle, avait été complètement renversé.

Il me resta quelque chose d'autre d'important de ce tourment de la continuité. D'être constamment attentive, signifiait qu'il ne restait plus aucun moment pour juger. Je ne pouvais plus repenser à une séance de méditation assise, par exemple, pour essayer de décider si elle avait été bonne ou mauvaise, parce que dans l'acte même de me lever, je devais prêter attention à ce que j'éprouvais sur le moment. Si mon attention divaguait, comme elle avait tendance à le faire, il y avait toujours quelque chose qui arrivait juste maintenant pour la reconcentrer dessus – une saveur, un son, me pencher, la sensation du contact. Il n'y avait aucun moment pour désespérer, à penser : « Où ai-je été ? Pourquoi ai-je laissé cela se produire ? Quelle espèce de méditante suis-je ? » Maintenant que j'étais débarrassée du fardeau du jugement et de l'évaluation, chaque moment était revêtu d'une valeur et d'une importance égales.

Dans le tourment de la continuité, je réalisai au niveau le plus profond de mon être qu'il n'y avait rien de nécessaire, en dehors de ce qui arrivait maintenant ... et juste maintenant... et juste maintenant, pour la réalisation de l'attention. Notre but n'est pas dans un avenir éloigné, il est juste maintenant, dans n'importe quelle activité qui se présente.

Libération Quotidienne

MA COLLÈGUE KAMALA MASTERS commença à méditer sous la direction de Munindra. Quand il vint à Hawaii, Kamala le convia à résider chez elle. A cette époque, elle était mère célibataire, élevant seule trois enfants, et faisant deux métiers pour les nourrir. Quand il arriva, Munindra encouragea fortement Kamala à réserver un moment de chaque journée à la méditation assise formelle. Telle est, après tout, l'incantation traditionnelle des maîtres de méditation : «Pratiquez la méditation assise chaque jour». Kamala fit remarquer à Munindra qu'il lui était impossible d'épargner assez de temps pour s'asseoir chaque jour et méditer. Finalement, peut-être parce qu'il avait vu que sa protestation était fondée, il lui demanda ce qui lui prenait le plus de temps chaque jour. Elle réfléchit un moment, puis répondit : «Laver la vaisselle». Munindra alla vers elle à l'évier, et ils pratiquèrent tous deux une vaisselle attentive. Ce qui devint la méditation quotidienne de Kamala.

Puis Munindra remarqua que, dans le petit vestibule sombre qui séparait la chambre de Kamala du reste de la maison, les enfants avaient tendance à la laisser tranquille. Il suggéra qu'elle considère le vestibule comme sa salle de méditation en marchant. Chaque fois que Kamala se trouvait dans cette partie de sa maison, elle pratiquait la marche consciente pour les quelques pas qu'elle y faisait. Elle dit maintenant que, parce qu'elle fut là si consciente, elle en vint à considérer ce vestibule comme un site sacré.

L'un des aspects les plus merveilleux des enseignements du Bouddha, c'est qu'ils ne s'éloignent jamais d'un sens de l'humanité. Etant un être humain lui-même, le Bouddha parla du sens ultime du fait d'être humain, et d'être heureux. La profondeur de la compassion du Bouddha se reflète dans le formidable pragmatisme de ses enseignements. Il présente une voie directe, actuelle, et praticable dans tous les aspects de la vie humaine, qui n'est pas éloignée des gens ordinaires.

Le principe de base des enseignements du Bouddha, c'est de ne pas insister sur la tradition, mais de se concentrer sur notre propre aptitude à la vision intérieure et à la réalisation. Ces enseignements incarnent une spiritualité totalement vivante, qui peut être soutenue par la tradition, mais jamais remplacée par elle. Enracinée dans la simplicité et la connexion, la voie a pour dessein d'aller au-delà du sentiment de limitation, de s'unir à l'immensité de la vie, et de connaître la libération. Le Bouddha dit que tous ses enseignements n'avaient qu'une saveur : celle de la libération.

Notre voie, notre sens de la spiritualité, exige un grand sérieux, une grande consécration, sincérité, et continuité ; mais il n'est pas nécessaire qu'elle soit une quête fiévreuse, tendue, ou torturante. Par-dessus tout, elle doit être la nôtre. C'est une pratique fondée sur le bien-être éprouvé dans notre propre méthode, en nous-mêmes, et dans nos situations uniques, de façon que pratiquer avec effort et sérieux, soit aussi pratiquer avec gratitude et bien-être. Nous pouvons être naturels même si nous appliquons la pratique de tout notre cœur. Nous pouvons investir tout notre effort, tout en étant en paix. Ce bien-être vient du naturel dans les efforts, et de l'utilisation de chaque moment pour voir plus clairement. Comme Kamala lavant attentivement sa vaisselle, ou traversant consciemment le vestibule, notre consécration à l'éveil doit s'exprimer dans tous les moments de notre vie quotidienne.

DEUXIÈME PARTIE

LA PRATIQUE DE LA TRANSFORMATION

Par la pratique de la méditation, nous apprenons à entrer dans le silence, et là, les fruits de la pratique se révèlent : sagesse, qui consiste à voir profondément dans la vraie nature de la vie, et compassion, la vibration d'un cœur en réaction à la souffrance. La sagesse révèle que nous faisons tous partie d'un tout, et la compassion nous dit que nous ne pouvons jamais nous mettre à l'écart. A travers ce prisme, nous voyons la vie de façon ouverte, connaissant notre unicité. Nous trouvons la sagesse et la compassion venant à la vie, transformant la façon dont nous nous comprenons nous-mêmes, et dont nous comprenons le monde.

Comme la Présence du Ciel

UN JOUR, JE DEMANDAI à l'une de mes relations : «Comment votre vie a-t-elle changé, depuis que vous avez commencé à pratiquer la méditation ?» Sans la moindre hésitation, il dit qu'avant de commencer la pratique, tout ce qui arrivait dans son mental, lui donnait l'impression de se produire dans un petit théâtre sombre, étroit, et que tout ce qui se passait sur la scène, semblait écrasant et massif. Et il dit que depuis qu'il avait commencé à pratiquer la méditation, sa conscience de ce qui arrivait dans son mental était semblable au spectacle d'un opéra joué dans un théâtre de plein air.

Il était amusant qu'il utilise cette comparaison : un théâtre de plein air. Peu avant notre conversation, des amis m'avaient emmenée à l'opéra – dans un théâtre de plein air, à Santa-Fe, au Nouveau-Mexique. Nos sièges étaient disposés de telle façon, que je pouvais voir la scène et le ciel tout autour. Au Nouveau-Mexique, le ciel est si vaste. Regarder les personnages se débattant dans l'extrême complexité de leurs vies, avec pour arrière-fond cet immense ciel ouvert, était une juxtaposition fantastique : quelque théâtral qu'ait été l'événement, quelque dramatique, désespérée, ou extatique qu'ait été l'action qui occupait la scène – tout cela était dans le contexte de ce ciel immense.

Par la pratique de la méditation, nous commençons à élargir notre propre perspective. Nous découvrons une qualité d'espace qui ne connaît pas de bornes, une qualité d'esprit qui peut accepter n'importe quoi. L'objet de la pratique est de nourrir cette immensité de la vision. Parfois, nous pensons que ce qui est devant nous est très solide et réel – et cependant, ce n'est qu'une interprétation théâtrale. Si nous reculons pour voir les choses sous une perspective plus grande, notre expérience change complètement. Mais quand nous ne sommes pas capables de voir ces perspectives plus vastes, notre énergie et notre conscience tendent à se fixer et à s'épuiser autour de certains événements. Nous créons habituellement, comme William Blake l'a dit, «des menottes en mental forgé», nous attachant nous-mêmes à des perceptions limitées.

Cependant, nous pouvons empêcher le mental d'être conscient, d'être attentif, de se reposer sur ce qui arrive actuellement, d'abandonner l'avidité, l'aversion, et l'illusion, et d'être plein d'amour. Le mental a déjà été exercé à saisir, repousser, séparer, s'effondrer, être confus, ne pas voir les possibilités. Nous avons été entraînés à être jaloux, anxieux, sceptiques, effrayés, et à exercer un jugement sur nous-mêmes. Notre mental a été fondamentalement conditionné à rester collé à l'opéra, et à oublier le ciel qui est au-dessus, et autour.

Exercer notre mental par la méditation, ne signifie pas forcément l'assujettir ou lui donner une forme ; cela signifie très patiemment inciter le mental à la conscience, à la sollicitude aimante, à la compassion, au lâcher prise, et à la générosité d'esprit. Encore et encore, quoi qu'il arrive, nous incitons le mental, grâce à la pratique de la méditation, à se détendre et à faire l'expérience de l'immensité qui est inhérente à la conscience et à la sollicitude aimante. Dix mille joies et dix mille chagrins peuvent apparaître – mais cette immensité, comme la présence du ciel, est capable de transformer nos vies.

Jamais seul

LA SOLLICITUDE AIMANTE, ou *metta*, est l'une des principales pratiques de la tradition bouddhiste. C'est une pratique qui consiste à s'offrir à soi-même un sentiment de sollicitude aimante, puis à étendre cette offrande aux aimés, amis, relations, gens en détresse, et, enfin, à tous les êtres partout.

Un jour, alors que je dirigeais une retraite de sollicitude aimante, une disciple me parla de l'impact que cette pratique avait sur sa vie. Elle dit que tout au long de l'année passée, elle n'avait connu que perte et déception. Il lui aurait été facile de rester inconsolée – mais il y avait ceci : sa reconnaissance de ce que quelque part dans le monde, quelqu'un offrait sa sollicitude aimante à *tous* les êtres sensibles, où qu'ils soient. Et elle était forcément incluse dans cette offrande. Quelqu'un quelque part, qui ne l'avait jamais rencontrée, qui ne connaissait pas sa situation, n'ayant aucun lien avec elle, lui envoyait ses pensées de sollicitude aimante. Quelqu'un était en train d'ouvrir son cœur, et de souhaiter son bonheur, sa paix, sa sécurité, et sa liberté. Et cela simplement du fait qu'elle existait ; elle était un être sensible, et cela suffisait pour qu'elle méritât de recevoir la force d'amour. Cette reconnaissance, dit-elle, était l'unique force qui lui avait donné la force de poursuivre, d'empêcher que son cœur ne se brise, pendant ces temps difficiles.

Qu'il est merveilleux de savoir qu'il y a toujours quelqu'un qui consacre ce moment même à créer de la compassion pour vous et pour tous les êtres. Sans rien savoir de vous, sans savoir qui vous êtes, non pas parce que vous êtes particulièrement bien, ni en échange d'une faveur ou pour rembourser une obligation, mais simplement parce que vous existez – quelqu'un en ce moment précis vous veut profondément du bien, souhaitant votre bonheur. Si, comme la femme de la retraite, nous pouvons reconnaître cela, alors nous réalisons que nous ne sommes pas isolés dans notre souffrance. Quelles que soient les circonstances particulières dans lesquelles nous pouvons nous trouver, nous ne sommes pas totalement seuls – nous recevons chacun cette forme de bienfaisance. Nous pouvons aussi reconnaître que lorsque nous pratiquons *metta*, quand nous offrons amour et compassion, nous faisons un don vrai et puissant. Quelqu'un quelque part vous sait gré de l'avoir envoyé.

Voir la Douleur

MON EXPÉRIENCE PRÉDOMINANTE, quand j'ai pratiqué pour la première fois la méditation, ce fut la douleur physique. Non seulement je n'avais jamais médité auparavant, mais je n'avais jamais non plus été capable de m'asseoir jambes croisées. Je me suis soudain retrouvée en Inde, censée m'asseoir par terre, en posture classique de méditation. Il n'y avait pas de chaises, et cela se passait avant qu'on ne répande l'usage du petit banc de méditation, qui aide à la position agenouillée. Nous n'avions pas même de coussins spéciaux de méditation, comme le *zafu*. Je me contentais de m'asseoir sur mon duvet enroulé ou sur une pile de vêtements.

Habituellement, mon corps était très tendu, et quand je suis restée assise pour la première fois, dans une position qui ne ressemblait que très vaguement à une posture jambes croisées, mes genoux étaient plus près de mes épaules que du sol. J'éprouvai de nombreuses douleurs, pas seulement à cause de la posture non familière, mais du fait d'une tension physique et émotionnelle incrustée en moi. Ce fut une formidable révélation, que de voir les pensées et les jugements qui apparaissaient dans mon esprit, en réponse à la peine que j'éprouvais. C'était un reflet parfait de ma tendance conditionnée à éviter de considérer la douleur ou toute expérience déplaisante.

A chaque fois que la douleur se faisait sentir, alors que j'étais assise pour méditer – ce qui était presque constant – je changeais de position. Avec le temps, je m'aperçus que je ne bougeais pas, quand ma douleur était très intense. Je bougeais au premier élancement faiblement douloureux, en réaction à certaines pensées qui apparaissaient dans mon esprit : «Oh non ! Je vais ressentir la même douleur toute la journée !» Ou : «Je vais avoir ce genre de douleur tout le temps, à chaque fois que m'assiérai pour méditer, toute ma vie durant.» Ou : «Je ne serai jamais capable de tenir jusqu'à la fin d'une session de méditation assise.» Je supposais que ce que j'éprouvais en ce moment, n'allait faire qu'empirer. En laissant cette pensée me gouverner, je ne faisais qu'ajouter des minutes ou des jours, ou une vie entière de douleur anticipée, à la douleur du moment présent. Essayant tout d'un coup d'y faire face, je me sentis impuissante et écrasée. En fait, j'aurais très bien pu supporter ce qui arrivait à n'importe quel moment, mais mes craintes au sujet de l'avenir rendaient la souffrance insupportable.

Pour couronner le tout, j'ajoutai des comparaisons entre mon expérience et ce que j'imaginais au sujet de ce que pouvaient éprouver les autres personnes qui étaient dans la salle : «Aucun ne souffre comme moi.» Je croyais que tous les autres jouissaient d'une méditation agréable et positive. Ces pensées ne tardèrent pas à se fondre dans une image négative de moi-même : «Si tu étais une personne spirituellement avancée, il y aurait une libre circulation d'énergie dans tout ton corps, sans rien de serré ni de tordu, et tu ne ressentirais aucune douleur. C'est parce que tu es très obstruée que tu ressens de la douleur.» A ce qui était en réalité un degré modéré de gêne physique, j'ajoutais une grande quantité de tourment mental.

Je finis par réaliser que j'avais eu le même genre de réactions conditionnées à chaque expérience déplaisante, physique ou mentale – je voulais m'en éloigner, et je me jugeais négativement pour l'avoir eue. Cette dynamique se déroulait dans mon mental, inobservée, d'autres fois, et pas seulement quand je m'asseyais. Même le mot *douleur* était comme une lampe au néon brillant dans mon esprit comme quelque chose d'effrayant, d'horrible, de terrible – à éviter à tout prix.

Tout au long de nos vies, on nous dit de fuir la douleur physique et psychologique, ou de la masquer, comme si elle était disgrâciée. Nous croyons souvent que nous devons être capables de faire partir la douleur. Mais nous asseoir, pour, d'une façon ouverte, détendue, sans jugement, explorer la douleur dans nos vies, nous ne le faisons guère.

La pratique de la méditation est un instrument puissant pour révéler nos réactions conditionnées à des expériences déplaisantes, nous permettant d'aller profondément en elles. Nous ouvrir à des expériences douloureuses, ne signifie pas une acceptation passive de la douleur. Nous apprenons plutôt à aller au cœur de chaque moment de l'expérience, même si elle est douloureuse, parce que là – clairement, dans le conditionnement – nous découvrons notre vie. L'effort de rejeter ce qui est déplaisant, la tendance à projeter la douleur dans le futur, et puis à se sentir submergé par elle, les interprétations que nous y ajoutons – tout cela nous empêche d'avoir une relation personnelle, directe, et intime, avec ce que nous éprouvons réellement. Aussi, quand nous observons quelque chose comme la douleur directement, nous découvrons sa nature véritable : comme n'importe quelle chose, la douleur est un phénomène changeant dépourvu de substance.

Finalement, je sentis mes jambes se détendre, mes genoux atteindre le sol, et je pus m'asseoir de longues périodes sans douleur. J'étais en fait délivrée de ma terrible peur de la douleur depuis longtemps, quand je vis à travers l'apparente solidité de la douleur. Au lieu de la considérer comme une entité monolithique s'emparant de «mon» corps, je vis la douleur comme un monde kalidéoscopique, de sensations toujours changeantes : picotements, raideur, chaleur, élancements, et mille autres sortes de sensations. Je les avais toutes amalgamées, et j'avais appelé l'ensemble «douleur». En voyant ces parties composantes – toutes dépourvues d'essence, et éphémères – j'appris finalement à explorer la texture de la douleur, au lieu de me sentir écrasée par elle.

Et, c'est aussi important, je pus procéder de même pour explorer aussi la douleur émotionnelle, comme le découragement. Nous pensons que le découragement, comme la douleur, est une «chose» solide, qui s'empare de l'esprit. Mais nous pouvons la voir comme elle est réellement – des moments de colère, des moments de cafard, des moments de tristesse, et des moments de désespoir ; un composé de réalité contingente, ni solide ni invariable, mais fluide et dynamique en lui-même – il ne convient pas d'en être si effrayé. C'est cela, faire face à la douleur : en la voyant clairement, au lieu de s'enfuir devant elle, ou de nous juger par rapport à elle, nous devenons capables d'établir une relation radicalement nouvelle avec elle. Nous pouvons lâcher prise à notre peur de la douleur, et nous trouver nous-mêmes.

Juger

QUAND J'AI COMMENCÉ à pratiquer, j'ai conçu l'idée que ceux qui étaient de vrais méditants baignaient continuellement dans un flot de lumière blanche ; je m'imaginais simplement que c'était le signe d'une bonne pratique. Et j'avais le vague sentiment que lorsque j'aurais eu finalement l'expérience de la lumière blanche, mes instructeurs m'avoueraient : «Enfin ! Nous avions presque perdu espoir que vous réaliseriez cela.»

Mais je ne faisais l'expérience d'aucune lumière blanche. J'avais surtout mal aux genoux. A mesure que le temps passait, et que ma pratique s'approfondissait, j'eus de nombreuses expériences diverses, mais aucune n'était celle de la lumière blanche, et c'est cette lumière blanche que je voulais à tout prix. Quelle que fût l'expérience que je pouvais avoir, elle ne me satisfaisait pas. «Où est la lumière ? Pourquoi n'est-elle pas ici ?»

Telle était mon incantation muette. J'avais une piètre idée de ma pratique, et je la jugeais constamment, la comparant avec ce que j'imaginais devoir arriver. J'en conçus un grand chagrin.

Dans la pratique de la méditation, comme dans la vie, nous jugeons souvent nos expériences difficiles – comme l'agitation, les états d'esprit négatifs, la douleur physique, etc – incorrectes, déplacées, ou sans valeur. Nous essayons souvent de faire durer les expériences agréables, considérant qu'elles sont les seules valables. Mais, avec une patience et une perspicacité accrues, la pratique de la méditation peut nous conduire au-delà de ces réactions conditionnées.

Quand nous méditons, nous considérons tout ce qui arrive avec acceptation, esprit de générosité, avec un mental ouvert et vaste. Le dessein de cette acceptation, ce n'est pas d'acquérir la passivité, mais d'aller aussi près de notre expérience que nous le pouvons. Quand nous sommes libérés de nos réactions conditionnées, nous sommes en mesure d'avoir une vision intime, personnelle, de ce qui est vrai. Toute la gamme de ce qu'un être humain peut comprendre et sentir et vouloir et craindre, est en chacun : le déploiement complet d'une vie humaine. Quelle que soit la chose dont nous faisons l'expérience, en être conscient, y être attentif, telle est la voie de la sagesse.

Quand je méditai sous la direction d'U Pandita, je pus bientôt remarquer des éléments récurrents dans nos entrevues. A chaque fois que je lui parlais d'une expérience de méditation que je trouvais merveilleuse et impressionnante, sa réponse était : «En avez-vous pris note ? « Dans sa tradition de pratique, «prendre note» signifie étiqueter mentalement chaque expérience, de façon à en avoir une connaissance plus directe. Mais je restai là me demander : «Qu'entend-il par 'prendre note'? C'était splendide. Comment aurais-je pu en prendre note, comme n'importe quoi d'ordinaire ?» D'autres fois, je lui faisais part de mes doléances au sujet d'expériences douloureuses de méditation. Il me regardait et disait invariablement : «L'avez-vous noté ?» Et je pensais : «Qu'entend-il par 'l'avez-vous noté'? C'était affreux ; ne peut-il pas le comprendre ?» Il me fallut un certain temps pour apprécier la simplicité, et l'importance, de l'approche d'U Pandita : il me demandait si j'avais été consciemment attentive à chaque expérience, avec «spaciosité» et clarté d'esprit. Il s'intéressait beaucoup moins à ce qui arrivait, qu'à la qualité de conscience que j'y apportais. Ce que nous voulons, dans la pratique, c'est comprendre la nature de notre vie, et cela ne requiert pas une expérience particulière, mais une qualité de conscience qui n'exclut rien.

Méditer, c'est comme aller dans une vieille mansarde, et y allumer la lumière. Ce n'était pas la lumière blanche fantastique que j'avais tant désirée, mais la lumière commune, ordinaire, libératrice, de la conscience. Dans cette lumière, nous voyons tout. Nous voyons tous les beaux trésors qu'engendrent le respect et la gratitude, pour notre capacité à les découvrir. Nous voyons tous les coins poussiéreux, négligés, qui nous font dire : «Je ferais mieux de les nettoyer.» Nous voyons toutes les reliques malheureuses du passé dont nous croyons nous être débarrassés il y a longtemps. Nous voyons tout cela avec une conscience ouverte et aimante.

L'inclusivité et la nature intime de l'attention reflète la nature de l'amour. Nous découvrons le fait que la conscience peut aller partout, et que nous sommes capables d'avoir un cœur aimant en toutes circonstances. Cette découverte est la source de joie que la méditation peut faire jaillir dans notre vie. La conscience attentive aimante comporte une force que le mental jugeant ne peut nous donner.

La vérité est partout, dans toutes nos expériences. Nous n'avons pas à essayer, par à-coups, d'avoir une expérience sublime, magique, et, dans cet effort, dédaigner ce qui arrive actuellement. Nous n'avons pas à lutter pour trouver la vérité. Chaque moment unique est l'expression de la vérité dans notre vie, quand nous savons comment regarder. Comme le disait saint Augustin : «Si vous cherchez quelque chose qui est partout, vous n'avez pas besoin de voyager pour l'obtenir ; vous avez besoin d'amour.»

Types de personnalité

J'EUS UNE EXPÉRIENCE AMUSANTE, un jour, au petit matin, alors que je sortais de chez moi pour me rendre à l'IMS. Alors que je me rendais à l'endroit où j'avais l'habitude de garer ma voiture, je vis que celle-ci avait disparu.

Je pensai : «C'est bizarre, ma voiture n'est plus là. Qu'est-ce que ça veut dire ?» La veille au soir, j'étais allée à Cambridge pour faire une conférence, et quand j'étais revenue, le niveau d'essence était à peu près à zéro ; aussi, pas encore bien réveillée, je pensai confusément : «Peut-être que quelqu'un l'a prise pour y mettre de l'essence.» Je me rendis dans le réfectoire de l'équipe permanente, et la première personne que je vis, ce fut un membre de l'équipe, qui était le plus susceptible d'avoir pris la voiture. Aussi lui demandai-je : «As-tu pris ma voiture ?» Il me répondit : «Non, je n'ai pas pris ta voiture.» J'insistai : «Tu n'as pas pris ma voiture ?» «Non», répéta-t-il, et je dis : «Bon, elle est partie.» Alors il me demanda : «En es-tu sûre ?»

Une voiture est quand même un gros objet ; je lui dis : «On dirait bien qu'elle est partie. Vraiment partie.» Mais, tout de suite, un doute s'immisça dans mon esprit. Je me mis à penser qu'elle était peut-être là, et que j'étais tout simplement passée à côté, sans la remarquer. Alors, un ami qui avait entendu cet échange, dit : «Tu sais, tu l'as probablement prêtée à quelqu'un, et tu l'auras oublié.» Je répondis : «Bien sûr, j'ai probablement oublié.» Puis je réfléchis : «A qui ai-je bien pu la prêter ?» Je ne voyais personne. C'est ainsi que je passai la plus grande partie de la matinée à me demander ce qui était arrivé à ma voiture. J'allais manger, quand une autre amie entra, qui me demanda : «As-tu pris ma voiture ?» «Non, lui répondis-je, je n'ai pas pris ta voiture.» C'est à ce moment que Joseph entra et dit : «Oh ! Je sais ce qui est arrivé à ta voiture.» Je demandai : «Qu'est-il arrivé à ma voiture ?» Il expliqua qu'il l'avait prêtée à quelqu'un qui en avait besoin de façon urgente ; il n'y avait pas d'autre possibilité, car aucune autre voiture n'était disponible, et il n'avait pas eu l'occasion de m'en parler au cours de la matinée.

Tout cet échange me remit en mémoire le système bouddhiste classique des types de personnalité. Dans ce système, je suis ce qui est appelé le type illusionné, et je réalisai que ma réaction au sujet de ma voiture, était une manifestation quintessenciée de cette sorte de personnalité.

Les types illusionnés ne « sont pas du matin ». Ainsi, je fus très perplexe. Les types illusionnés tendent à perdre confiance en leur propre perception, et ainsi s'engouffrent dans une spirale de confusion, avec des sentiments de perplexité et d'incertitude. C'est ce que j'avais fait avec la voiture égarée.

En réaction à une situation particulière, des gens tendent à considérer le côté clair, d'autres se fixent sur ce qui est faux, et d'autres encore tombent dans une grande confusion. Ces trois réactions correspondent aux trois principaux caractères définis dans la psychologie bouddhiste : le type avide, le type colérique, le type illusionné. Nous sommes tous un mélange des trois, mais chez beaucoup de gens, l'une de ces caractéristiques est fortement prédominante.

Par exemple, si vous êtes du type avide, et que quelqu'un vous parle du système bouddhiste des types de personnalité, vous pouvez noter cette information avec soin, pensant que c'est une typologie merveilleuse, et que vous allez apprendre tout ce que vous pouvez à ce sujet. Si vous êtes de type colérique, vous pouvez vous dire : «Comment peut-on répartir tous les gens en ces trois seules petites catégories ? Je déteste ce genre de classification. J'ai l'impression d'être réduit à l'idée qu'un autre a sur moi.» Si vous appartenez au type illusionné, vous pouvez vous sentir un peu abasourdi par tout cela, vous demandant : «A quel type j'appartiens ?» Ou, si vous êtes un mélange des trois, votre réaction sera un reflet des trois réponses.

Nous pouvons apprendre beaucoup sur nous-mêmes quand nous explorons cette partie de la psychologie bouddhiste. Et, plus encore, nous pouvons apprendre que ce sont des tendances personnelles, qui ont été déterminées il y a des milliers d'années, et que nous devons éviter de nous y identifier, ou de les prendre comme un affront pour notre ego. Ce sont simplement des tendances conditionnées du caractère humain.

Le *Visuddhi-magga*, «La Voie de la Purification», un commentaire de la tradition theravadin (hinayana), décrit chaque type en détail. Remarquez si quelque chose du texte ci-dessous vous semble familier :

> Quand quelqu'un qui appartient au tempérament avide voit un objet ne serait-ce que très légèrement agréable, il y attache son regard, comme s'il était surpris. Il saisit les vertus de peu d'importance, néglige les défauts véritables, et quand ils doit partir, ils le fait avec regret, comme s'il y répugnait.
>
> Quand quelqu'un de tempérament colérique voit un objet ne serait-ce que très légèrement désagréable, il évite de regarder longtemps, comme s'il était fatigué. Il relève les fautes vénielles, ne tient pas compte des vertus importantes, et, quand il doit partir, il le fait sans regret, semblant très désireux de le faire.
>
> Quand quelqu'un qui appartient au tempérament illusionné voit n'importe quel objet, il copie ce que font les autres. S'il les entend critiquer, il critique ; s'il entend des louanges, il en dira aussi, mais en fait il sent en lui de l'équanimité, l'équanimité de l'ignorance.

Nous connaissons tous ce premier type de personne – quelqu'un qui a du mal à faire face aux difficultés dans n'importe quelle situation, et qui persiste à vouloir les ignorer ; il veut seulement que les choses aillent bien tout le temps. Nous connaissons aussi probablement tous ce deuxième type de personne, dont l'esprit semble saisir ce qui est mauvais dans n'importe quelle situation, attirant l'attention sur des problèmes que personne d'autre n'avait remarqués (mais ne pensant pas nécessairement qu'ils seront résolus). Et, enfin, nous connaissons probablement tous ce troisième type de personne, qui tombe facilement dans la confusion ; incertaine quant à ce qu'elle ressent ou perçoit réellement, elle dépend d'une manière ou d'une autre des points de vue des autres. Nous avons tous des aspects de ces trois tendances, mais parfois l'un d'eux est plus important, dans nos structures personnelles, que les autres.

Certaines personnes, en lisant cela, souriront peut-être, en se reconnaissant, ou en reconnaissant d'autres personnes, dans la description de ces trois types. Si ce n'est pas encore le cas, ce le sera peut-être en lisant la description de la façon dont chaque type a tendance à se déplacer et à dormir :

> Vous pouvez discerner le type de personne par sa posture. Quand quelqu'un de tempérament avide marche de façon naturelle, il le fait avec prudence, posant son pied lentement, le posant et le levant régulièrement, et son pas est léger. Quelqu'un de tempérament colérique marche comme s'il allait creuser avec la pointe de ses pieds, pose son pied rapidement, le lève rapidement, et ses pas sont traînants. Quelqu'un qui est de tempérament illusionné marche d'un pas hésitant, pose ses pieds de façon hésitante,

> les relève de façon hésitante, et il procède par à-coups.
>
> Pour se coucher, une personne qui relève du tempérament avide écarte les draps sans hâte, s'allonge lentement, immobilise ses membres, et dort de manière confiante. Quand elle s'éveille, au lieu de se lever rapidement, elle procède lentement, comme doutant.
>
> Celui qui est de tempérament coléreux défait son lit à toute vitesse. Il se jette sur son lit, et dort d'un air renfrogné. Quand il s'éveille, il se lève rapidement, et réagit comme s'il était ennuyé.
>
> Quelqu'un de tempérament illusionné défait son lit de travers, et dort la face contre le matelas, le corps affalé. Quand il s'éveille, il se lève lentement, disant : «Heu ?»

Le commentaire de ce texte contient de nombreux exemples semblables. Traditionnellement, cette classification selon les types était utilisée pour déterminer le type de pratique de méditation qui est le meilleur pour une personne donnée, et pour aider les gens à considérer de façon moins personnelle leurs tendances conditionnées. Cette information peut amener à trouver plus d'équilibre dans nos vies. Ainsi, par exemple, pour remédier à la tendance à la colère, nous pratiquons la sollicitude aimante. Pour libérer de l'avidité, nous pratiquons la générosité ou le renoncement. Pour contrecarrer l'illusion, nous pratiquons l'attention concentrée.

Aucun type n'est considéré comme meilleur que les autres ; tous sont également conditionnés et impersonnels. Avec l'attention comme agent alchimique, chacun de ces facteurs peut être transmuté. Il est possible de faire l'expérience de l'aspect positif de chaque tendance mentale, sans contrainte ni sentiment de limitation. Dans les enseignements, on considère cela comme leur forme purifiée.

La tendance à l'avidité, par exemple, indique aussi une volonté d'aller près des choses, d'expérimenter pleinement la vie, de se rendre à l'expérience. Ainsi, la manifestation purifiée des types avides est la foi. La foi aussi nous permet de coller à l'expérience, de faire plus pleinement face à la vie, de lâcher prise, et cela sans l'adhésion collante ni l'intoxication obscurcissante de l'avidité.

Les types colériques peuvent se fixer sur ce qui est mauvais dans une situation, mais cette tendance à être prêt à regarder plus profondément que les autres, peut aussi amener à reconnaître honnêtement ce qui est déplaisant ou malvenu. A cause de ces facteurs, la colère se transmue en sagesse. La sagesse exige aussi que nous allions au-delà d'un niveau superficiel de perception, que nous soyons capables d'incorporer l'aspect désagréable qui est le plus souvent dérobé à la vue, et de comprendre ainsi plus pleinement tous les éléments de la vie. La sagesse peut fonctionner de cette façon, sans les effets douloureux et isolants de la colère.

Le type illusionné se sent déconnecté de tout ce qui arrive dans une situation, et ne sait pas du tout comment réagir, mais avec une attention croissante, ce type de personne peut transformer cette tendance en une vaste équanimité. Au lieu d'être insensible à ce qui arrive, la personne réagit avec sérénité, qui vient de la pleine et constante connexion avec la clarté de l'attention.

Quel que soit le type auquel nous appartenons, il importe de reconnaître que nous sommes tous pris au piège d'une façon ou d'une autre par notre mental conditionné. Par l'attention, nous arrivons à la foi, nous croissons en sagesse, et nous atteignons l'équanimité. Quelle que soit l'avenue que nous empruntons, nous obtenons notre libération en étant attentif à chaque instant.

Raz-de-marée

JOSEPH GOLDSTEIN ET MOI, nous avons dirigé une fois une retraite à Hawaii. Un jour, alors que je dirigeais la première méditation après le déjeuner, j'entendis le téléphone sonner au-dessous de la salle de méditation. Je savais que Joseph était de l'autre côté du bâtiment, et ne pouvait l'entendre, mais j'espérais qu'un membre de l'équipe décrocherait. Personne ne le fit, et comme la sonnerie continuait, je me mis à penser : «Quelque chose se passe ; il doit y avoir quelque chose qui ne va pas.» Je terminai la session, descendis au bureau, et le téléphone ne tarda pas à résonner. C'était quelqu'un du Service de Défense Civile d'Hawaii qui nous prévenait que le plus gros raz-de-marée de l'histoire était attendu pour aujourd'hui ! Parce que nous étions très près de l'océan, nous avions quarante-cinq minutes pour évacuer les lieux. On me dit que nous étions à environ une heure de l'abri le plus proche.

Je répondis : «Vous savez, nous avons ici soixante-dix personnes, et seulement deux véhicules. Toutes les routes ici longent la côte. Je ne pense pas que nous puissions partir à temps.» Elle me dit : «Je vais vous rappeler.»

Quelques minutes plus tard, elle rappela pour dire qu'on nous envoyait un bus, puis elle rappela encore pour dire qu'il n'y avait plus assez de temps pour cela. Elle nous conseilla de nous réfugier dans un endroit qui soit le plus haut possible. Etant donné que le terrain qui surplombait le centre était inaccessible, l'endroit le plus sûr où nous pouvions nous réfugier, c'était le deuxième étage du bâtiment. Le plus gros raz de marée de l'histoire d'Hawaii était sur le point de nous frapper, et nous ne pouvions pas partir, ou aller très au-dessus du niveau de la mer !

Désemparée, je raccrochai, et me rendis dans la chambre de Joseph pour prendre conseil. Il faisait une entrevue de groupe. Alors que je restais tranquillement au fond de la pièce pendant un moment, j'entendis quelqu'un parler de façon chagrine de la douleur aux genoux qu'il éprouvait en posture assise pendant la méditation. Je pensai : «Mon garçon, si tu penses que ton mal de genoux est un gros problème, attends un peu !» Ce n'est pas que je n'aie pas eu de douleur dans ma propre pratique – et je m'en suis plaint aussi. Avant de décrocher le téléphone ce jour-là, j'aurais pu avoir une réaction très différente à l'expérience de cette personne. Mais j'étais porteuse d'un message au sujet d'un danger inouï, et, à cause de cela, j'avais acquis un sens différent des proportions.

Nous portâmes à l'étage supérieur tous les biens qui se trouvaient dans notre logement, sans avoir aucune idée de la hauteur que pourraient atteindre les eaux. Puis nous avons médité, attendant le raz-de-marée. Tandis que nous étions assis, le temps devenait élastique, avec des minutes ressemblant à des heures, et des heures passant comme des minutes. Ce fut une séance de méditation très profonde, car chacun envisageait sa mort – dévoré par les eaux féroces. Certains priaient, d'autres pleuraient, d'autres encore gardaient le silence.

Pour moi, chaque moment de lâcher prise dans cette méditation était comme un miroir de ma propre mort, avec cet impératif, de se départir de tout le connu. Chaque moment de saisie, d'anticipation du moment suivant, était atroce. Chaque moment de retour au présent, d'unité avec le présent, était apaisant. Je pensais souvent à l'homme aux genoux douloureux, s'inquiétant de son état.

Mais rien n'arriva. Le raz de marée avait manqué l'île. Nous ramassâmes tranquillement nos effets, et nous descendîmes au rez-de-chaussée. Pendant un certain temps, le comportement de chacun fut empreint de la perspective d'un danger terrible. Et tous, nous avions une vision différente de nos douleurs de genoux, et des difficultés ordinaires de nos vies. Pendant un certain temps, chacun s'éveilla aux choses qui étaient pour lui les plus importantes ; et chacun ressentit de la gratitude pour ce qui l'avait soutenu quand il était dans la peur et l'incertitude.

Nous pratiquons la méditation pour soutenir cette perspective radicale, car c'est la vérité. Notre vie est fluctuante et incertaine ; nous ne savons pas comment et quand nous mourrons. Nous pratiquons la méditation parce que, au lieu de désirer ce que nous n'avons pas, ou d'essayer futilement de nous agripper à ce qui est changeant, nous pouvons nous établir dans l'instant, et connaître le refuge du «lâcher prise». Nous pratiquons la méditation de façon à ne pas gaspiller notre précieuse vie.

Le Plus Grand des Pouvoirs

JE RÉALISE QU'IL DOIT ÊTRE DUR pour beaucoup de gens de le croire, mais on dit que mon instructrice, Dipa Ma, pouvait avoir une pomme de terre à la main, et faire qu'elle ait le goût du chocolat. Elle pouvait traverser les murs. Elle pouvait, disait-on, se dédoubler, et être en deux endroits en même temps. Parfois, marchant dans les rues de Rangoon la nuit, elle se matérialisait un compagnon. Elle apparaissait aussi spontanément de nulle part, pour des entrevues avec ses instructeurs.

Dipa Ma pouvait lire dans les esprits, et révéler ce que l'on tenait celé au plus profond de son cœur. Une fois, elle fit un voyage d'un mois dans le futur, et décrivit exactement un discours qu'U Thant, le Secrétaire général des Nations Unies, allait faire. Elle pouvait envoyer son esprit à divers domaines d'existence, et des milliers d'années auparavant, pour entendre le Bouddha faire un discours. Elle pouvait faire beaucoup de choses qu'ordinairement on considère comme incroyables.

Dipa Ma ne fit jamais montre de ses pouvoirs pour impressionner le public, mais parfois ils devenaient l'un de ses instruments d'enseignement, avec des gens en lesquels elle avait confiance. Elle les utilisait toujours sans étalage ni égotisme – plutôt comme une présentation, toujours en passant, d'une perspective très différente. D'être témoin de tels phénomènes, très certainement, élargit les notions de l'univers et des limites de la vie que l'on entretient. Quant à moi, cela me révéla un monde beaucoup plus vaste que ce que j'avais imaginé.

Des phénomènes comme ces pouvoirs psychiques apparaissent dans le cadre des lois de la nature. Ils sont considérés comme paranormaux, seulement parce que notre définition de ce qui est «normal» est très limitée. Même avec un simple élargissement de notre compréhension, nous repoussons les définitions ordinaires des lois de la nature. Nous avons, par exemple, appris à jouer avec la gravitation, et ainsi nous considérons comme simplement routinier de voler d'un lieu à l'autre, et même d'explorer l' «espace». Le niveau des pouvoirs psychiques dont Dipa Ma faisait la démonstration, était le fruit de la maîtrise de la concentration.

Dans le bouddhisme, la concentration est considérée comme la voie du pouvoir, parce que lorsque nous nous concentrons, toute notre énergie ordinairement dispersée se rassemble. Plus nous nous concentrons, plus l'énergie revient vers nous, et cette énergie nous rend puissants. Avec une concentration hautement développée, il est possible de faire l'expérience de ce moment ou point «pivot» où les conventions de temps et d'espace, de matière et de solidité, commencent. A ce point, le monde est très malléable.

Cependant, parce que les phénomènes psychiques apparaissent par le pouvoir du mental plutôt que par la sagesse, ils ne sont pas considérés comme libérateurs. C'est pourquoi il est recommandé aux disciples de ne pas se laisser séduire par eux. Munindra enseigna ces pratiques à Dipa Ma parce qu'elle avait une concentration naturelle, et aussi parce que ce sont d'anciennes pratiques qu'il voulait voir renaître. Et plus important encore, il les enseigna à Dipa Ma parce qu'il connaissait la pureté de son cœur, et savait qu'elle n'en ferait pas mauvais usage. Tout le temps qu'il la guida dans l'acquisition de ces pouvoirs, il mit cela en perspective, disant : «Ces pouvoirs ne sont pas importants. L'illumination est importante. Ces pouvoirs peuvent causer la chute de quelqu'un s'ils sont utilisés de façon erronée, s'ils sont utilisés avec ego, si vous pensez que vous êtes 'celle' qui est puissante. Ces pouvoirs sont de bien petites choses. C'est un jeu, comme la magie. Ce n'est pas important. La sagesse est importante.»

Ces pouvoirs peuvent sembler remarquables et marquant une grande supériorité, mais la voie de la concentration ne purifie pas nécessairement notre vision de la nature de la vie, ou de la vérité. La concentration peut ne pas aider à clarifier notre sentiment de ce que nous sommes, et du dessein de notre vie. C'est par le développement de la sagesse que nous découvrons la vraie nature de notre esprit, de nos pensées, et de nos sentiments. Si l'on est très attentif, on voit que le corps et l'esprit, qui semblaient être des entités solides et définies, sont en réalité un écoulement constant d'événements. Nous voyons que ce que ce mental et ce corps, tout en étant dintinguables, sont aussi inséparables et interdépendants. Nous voyons comment le corps affecte le mental, et réciproquement, dans une grande interaction de l'être. Nous voyons les lois de l'interdépendance dans le monde autour de nous, et nous réalisons que nous sommes unis à tout dans ce flux immesurable («immense») que nous appelons vie. La reconnaissance de notre interdépendance fait naître une sollicitude aimante authentique, non fabriquée.

Par la maîtrise de la concentration, nous pouvons découvrir que le monde naturel est plus vaste que ce qu'il est censé être ; nous pouvons être à même de jouer dans le monde d'une façon extraordinaire, mais rien de cela n'est la liberté qui est le dessein de notre pratique. Le traducteur d'U Pandita, essayant d'exprimer des concepts en anglais, dit un jour : «On peut avoir tous ces pouvoirs et faire toutes ces choses et rester cependant un... hum... hum... un perdant !» La vraie liberté est la réalisation de la sagesse et de la compassion sans limite. Notre capacité à voir clairement et à aimer pleinement, est le plus grand des pouvoirs. Dipa Ma était adepte à la fois de la voie du pouvoir et de celle de la sagesse. Et bien qu'elle eût d'extraordinaires pouvoirs psychiques, chaque fois que je pense à elle, ce que je me rappelle de plus remarquable, c'est sa non-égoïté – et qu'elle était la personne la plus adorable que j'aie jamais rencontrée.

Votre Dernière Pomme

L'UNE DES PREMIÈRES INSTRUCTIONS de méditation que mon maître Munindra me donna, ce fut de considérer chaque souffle comme s'il était mon premier, et comme s'il s'agissait de mon dernier. Je devais considérer chaque pas, chaque son, chaque goût, de la même façon. De pratiquer dans cet esprit me permettait d'apporter une plénitude et une immédiateté d'attention à chaque moment de ma méditation. Les aspects fragmentés de mon soi s'unissaient. Je n'avais plus envie de comparer le présent avec ce qui était arrivé naguère, car où le passé était-il donc, si ce souffle était mon premier ? Et s'il devait être mon dernier, je ne pouvais certes pas remettre à plus tard la pleine attention que je devais lui accorder, perdue dans l'espoir que quelque chose de mieux pourrait advenir plus tard. Je n'étais pas non plus encline à considérer le présent en lui surimposant des jugements, car comment aurais-je pu juger ce qui se passait, sans le comparer au passé ou au futur ? C'est une pratique belle et puissante – et aussi une belle façon de vivre et de mourir.

Si nous vivons sans sentiment d'immédiateté dans notre conscience, nous cherchons l'accomplissement à l'extérieur de nous-mêmes, essayant de saisir des expériences transitoires. Il est facile de tomber dans l'accoutumance aux sensations de plus en plus stimulantes. Elles nous donnent un sentiment de plénitude, mais c'est une fausse plénitude, dont les éléments ne sont que les phénomènes éphémères du monde extérieur.

Imaginez que vous fassiez quelque chose de très simple, peut-être quelque chose que vous avez déjà fait mille fois, de façon que cela n'éveille pas d'intérêt particulier – quelque chose comme manger une pomme. Si vous mangez la pomme en ne prêtant que très peu d'attention à son aspect, son contact, son odeur et son goût, cet acte ne sera pas alors une expérience très épanouissante. En prenant conscience d'un léger mécontentement quant à l'expérience, vous pouvez vous mettre à penser qu'il y a quelque chose qui ne va pas avec la pomme, ou peut-être que vous n'aviez pas vraiment envie de pomme, après tout. Vous pouvez penser : «Si je pouvais avoir une banane, je serais satisfait.» Mais si vous trouvez une banane et que vous la mangiez, d'une façon encore distraite ou inattentive, vous finirez par être encore mécontent. Au lieu de réaliser que vous n'accordiez pas d'attention à l'expérience consistant à manger une banane, vous penserez peut-être : «Ma vie est trop prosaïque ; tellement ordinaire. Comment peut-on se satisfaire de pommes et de bananes ? Ce dont j'ai besoin, c'est quelque chose d'exotique. Ce qui me comblera, c'est quelque chose d'inhabituel, comme une mangue. La première fois qu'on mord dedans, ce doit être une merveilleuse sensation de fraîcheur.» Mais vous ne tardez pas à vous lasser de la mangue exotique comme vous vous êtes lassé de la pomme et de la banane si ordinaires, et vous restez à nouveau face à votre sentiment d'insatisfaction.

Il est rare que nous imaginions que la qualité de notre attention puisse jouer un rôle dans notre sentiment d'insatisfaction, mais c'est seulement quand nous sommes attentifs que nous trouvons de la satisfaction dans nos vies. L'attention est la clef de la vie. Quand nous sommes pleinement reliés à notre expérience, nous voyons que notre monde perceptif fourmille en réalité de sensations extraordinaires. C'est comme si nous éprouvions chaque chose pour la première fois.

Etre conscient du plaisir des sens est très différent d'y être attaché. L'attachement ne rend pas une sensation agréable plus agréable. L'attachement, en réalité, diminue notre plaisir, car nous craignons toujours une altération possible de la merveilleuse situation. En revanche, quand nous sommes attentifs au plaisir, nous n'avons pas besoin de nous cramponner pour le faire durer jusqu'au moment suivant. Nous n'avons pas besoin non plus de renvoyer à plus tard notre sentiment de bonheur, jusqu'à ce qu'un objet plus passionnant ou plus agréable se présente, en pensant : «Ce n'est pas si bien que ça, parce que ce serait mieux si...» L'attention consciente accueille tout ce qui est là.

En fait, nous ne savons pas si la respiration que nous faisons en ce moment même, ne sera pas la dernière, ni si nous ne mangeons pas notre dernière pomme, ni n'écoutons le dernier chant d'oiseau. En étant attentifs – comme si chaque expérience était la dernière – nous émergeons d'un monde à demi-mort de déconnexion, pour entrer dans une satisfaction profonde et intemporelle, qui est elle-même le fruit de l'attention.

Moments de Libération

MON MAÎTRE U PANDITA me dit un jour : «Croyez-vous ce que le Bouddha a enseigné, que chaque moment d'attention est un moment de liberté ?» Je répondis : «Oh oui ! J'y crois vraiment.» Alors il me dit encore : «Ne pensez-vous pas qu'il vaudrait mieux le réaliser, plutôt que de se contenter d'y croire ?»

Je dis : «Sans aucun doute.»

Sa remarque avait en fait diminué mon doute quant à la possibilité que j'atteigne la libération, et elle me mit en face de ce puissant enseignement du Bouddha : en étant attentif, nous pouvons à tout moment faire l'expérience de la liberté. Quand nous réalisons cela dans notre vie, nous comprenons que, quelle que soit l'expérience que nous avons, qu'elle soit douloureuse ou agréable, elle est digne d'attention, car elle est une occasion de se libérer. Ce qui nous libère à ce moment-là, c'est le pouvoir de conscience, quel que soit l'objet de cette conscience. L'attention consciente défait tous les liens qu'il peut y avoir.

L'on peut dire – et c'est l'un des grands paradoxes de notre vie – que la souffrance, comme la libération de la souffrance, peuvent apparaître ici et maintenant, prenant forme dans ce corps et dans ce mental. Deux expressions pali expriment ce paradoxe : *klesa bhumi*, et *panna bhumi*. *Bhumi* signifie lieu d'apparition, lieu de venue. *Klesa* désigne ces éléments qui nous tourmentent, et apportent un degré élevé de malheur. Et *panna* signifie sagesse. La *bhumi* est toujours présente sous la forme de notre corps et de notre mental ; ce qui différencie *klesa* de *panna*, c'est l'attention consciente. Avec l'attention consciente, le corps et le mental servent de terrain de libération, et de liberté ; sans attention consciente, le même corps, le même mental, deviennent les réceptacles du tourment. Les enseignements du Bouddha nous font remarquer que même la personne la plus ordinaire qui marche sur la voie peut réussir, parce que le matériau fondamental pour la libération est déjà en chacun de nous. Nous devons juste choisir, entre cultiver la sagesse, et cultiver la souffrance.

La métaphore traditionnelle utilisée pour illustrer cela est celle d'une poubelle en cuivre. Parce que c'est une poubelle, nous tendons à ne pas prendre le cuivre en compte, ou à le mépriser. Puis nous imaginons le même cuivre utilisé pour faire des bijoux. Alors, cette fois, nous considérons le cuivre avec estime, même avec désir. Et puis, prenez le même cuivre, faites-en des statues de dieux, et de déesses, qui deviennent objets de vénération. Le matériau est identique, mais quand il est utilisé de façon différente, nos réactions changent en conséquence. De même, au lieu de mépriser les réactions de notre corps-mental, nous pouvons – à n'importe quel moment – les considérer comme le matériau de la libération.

Tout au long de la voie spirituelle, nous développons une aptitude à être plus calme, et à vivre plus harmonieusement. Nous mettons à nu notre souffrance, et nous apprenons à nous accepter nous-mêmes, et à compatir. Nous concentrons notre mental, et dévoilons notre vraie nature. Tout cela converge vers la libération parfaite ou nirvana. Ce n'est pas un but éloigné, comme on pourrait le croire ; chaque moment dont nous faisons l'expérience sans avidité, sans aversion, sans illusion, est un moment de nirvana. Ce peut être *ce* moment.

Le réseau de la Connexion

UNE IMAGE BIEN CONNUE des enseignements du bouddhisme, est celle du Filet d'Indra. Cette image décrit l'univers comme un filet aux proportions infinies. A chaque point d'intersection, là où se rencontrent les fils du filet, il y a un joyau aux multiples faces, très réfléchissant, comme un diamant, ou un morceau de cristal. Chaque joyau reflète les autres, y compris les images que recèlent les autres. Regarder un joyau, particulièrement, c'est voir le reflet des autres joyaux, dans leur totalité.

Je me suis remis en mémoire cette image du Filet d'Indra, lors de la visite du Musée «Commémoratif de l'Holocauste», près de la ville de Jérusalem. Il y a dans cet ensemble architectural un monument «commémoratif», très sombre, en forme de coupole, édifié grâce aux dons d'un couple d'Américains dont le fils mourut en captivité en Allemagne. Quand on y entre, on ne voit rien ; aussi cherche-t-on son chemin à l'aveuglette, dans l'obscurité, en s'agrippant à une rampe, qui fait le tour. Tandis que l'on marche, on entend des noms d'enfants qui sont lus lentement.

Au centre du dôme, il y a une bougie à la flamme vacillante. Tapissant les murs, des centaines de miroirs reflètent cette lumière de la bougie qui est au centre, ainsi que son reflet dans les autres miroirs. L'impression que cela donne, c'est d'être entouré par d'innombrables points de lumière, chacun représentant un «enfant mort». Alors que mon mental se calmait, impressionné par cette révélation, je me mis à penser que moi aussi, je faisais partie des reflets. Moi aussi, je faisais partie de tout le «réseau» de connexions et de relations. De même que je ne pouvais me séparer des points de lumière, de même, je ne pouvais me séparer des vies et des morts de ces enfants. J'étais entrée dans le filet d'Indra. Ou peut-être, plus précisément, je m'étais éveillée à la réalité du Filet d'Indra.

Quand nous considérons les autres, nous nous voyons également ; quand nous regardons en nous-mêmes, nous découvrons tous les êtres et toutes les choses de l'univers. Chaque événement, chaque entité, chaque état mental, chaque expérience que nous avons, est né de la toile d'araignée de l'interconnexion. Nous naissons à chaque instant du réseau de l'interconnexion. Une multitude de causes interagissent, incessamment, pour produire ce que nous appelons nous-mêmes, ce que nous appelons «vie». Dans ce monument commémoratif, je n'étais pas à part de ce que j'entendais et voyais, ni de l'existence. Dans l'existence, pas une seule chose n'est isolée.

Saisons changeantes

L'UNE DE MES AMIES qui vit en Californie, projeta d'aller en Nouvelle-Angleterre, un automne, pour me rendre visite. Je contemplais avec anxiété les belles feuilles d'automne, souhaitant qu'elles restent telles qu'elles étaient, pour son arrivée. J'aurais voulu les coller, pour qu'elles soient encore là quand elle viendrait. Je pensais : «Il faut que ce soit comme ça quand elle viendra, parce que si les feuilles tombent, et qu'elles soient marron et toutes ratatinées, quel genre de visite inaugurale d'automne ce sera pour elle ?» Et puis j'appris qu'elle ne pouvait venir. Alors, je pensai : «Bien, maintenant, je peux laisser la nature reprendre son cours.»

Il est bien sûr ridicule d'essayer d'empêcher les feuilles de tomber des arbres. Mais n'essayons-nous pas souvent de faire des choses semblables, n'essayons-nous pas d'empêcher les choses de changer? Cependant, l'impermanence est l'étoffe de nos vies. Nos vies ne sont pas toujours changeantes; non, nos vies sont *faites* de changement.

Quand nous observons la nature, nous voyons clairement que les saisons vont et viennent. De même, nous pouvons voir que les gens vont et viennent dans notre vie. Nous savons que nous avons des possessions, et qu'elles se cassent ou se perdent, ou que nous ne nous y intéressons plus, ou que nous pouvons très bien les oublier. Nous savons que nous pouvons penser d'une certaine façon le matin, autrement l'après-midi, et peut-être encore différemment le soir. Nous savons qu'à la fin, nous mourons.

La pratique de la méditation nous rend spécialement sensibles au caractère constamment changeant de nos perceptions. Il y a une pensée, et elle s'en va. Un son se fait entendre, et s'évanouit. Les goûts et les odeurs et les sensations tactiles vont et viennent. Les visions viennent à l'existence, et s'évanouissent. Comme le dit Emerson, chaque moment de notre vie peut être vu comme le «présent volcanique». Grâce à la méditation, nous savons, non pas simplement poétiquement et lyriquement, mais réellement, que nous mourons et renaissons à chaque instant.

Parfois, dans la méditation, le mental se pose naturellement sur cet aspect de renaissance à chaque instant. C'est très beau. Nous remarquons le commencement des choses, l'apparition des objets. Que ce soit un son, ou une sensation corporelle, ou une émotion, l'aspect le plus remarquable, pour nous, c'est sa venue à l'être. Nous faisons l'expérience du monde, et de nous-mêmes, apparaissant, se renouvelant, recommençant – et c'est merveilleux. Nous sommes témoins de la magie qu'est l'apparition de la vie.

Parfois, c'est très différent, quand nous faisons l'expérience de la vérité de l'impermanence. Le mental se pose naturellement sur la fin des choses, la disparition d'instant en instant, qui est l'autre face du changement. Nous remarquons la dissolution de toutes les choses que nous éprouvons. Nous sommes conscients de la disparition de tout ce que nous chérissons, tout ce que nous avons essayé de préserver et de prolonger. A peine avons-nous tourné notre regard vers quelque chose, qu'elle s'évanouit. Nous commençons à réagir à une idée, et nous remarquons qu'elle est déjà partie. Tout est si fragile, si évanescent, ici, et cependant s'écoulant, révélant les graines de sa mort au cœur même de sa naissance. Où est la chose que nous pourrions garder ? Comme Kalu Rimpoche le disait : «Le souffle vital est comme une bulle d'eau.»

Voir la nature naissante des choses est peut-être merveilleux, et voir leur nature éphémère est peut-être déconcertant, mais les deux visions sont essentielles. S'ouvrir aux deux aspects du changement, aide à voir la vérité des choses. Que nous aimions ou non les saisons changeantes, nous apprenons à nous fonder sur elles, à reconnaître la justesse des cycles. En comprenant la nature du changement dans notre vie, nous pouvons vivre avec ce sentiment de confiance et de rectitude.

Une Seule Chose

L'UNE DE MES AMIES dut un jour expliquer à son fils, que la femme qui s'était occupée de lui depuis sa naissance, allait partir. Parce que l'enfant était très attaché à cette personne, mon amie lui en parla avec précautions, prenant soin de dire que la nourrice l'aimait, qu'ils pourraient lui écrire, et lui parler au téléphone, et lui rendre visite, mais qu'elle était sur le point de partir pour aller habiter chez sa sœur. Le petit garçon écouta attentivement, puis dit à sa mère : «Raconte-moi encore l'histoire, mais avec une autre fin.»

Des fois, nous voudrions aussi changer la fin de l'histoire. Nous perdons ce à quoi nous tenions, nous sommes séparés de ceux que nous aimons, nos corps nous trahissent quand nous vieillissons, nous nous sentons désemparés ou blessés, nos vies semblent s'en aller. Ce sont tous les aspects de *dukkha*, l'un des principaux enseignements du Bouddha. *Dukkha* signifie souffrance, mécontentement, insatisfaction, changement.

Le Bouddha a dit : «J'enseigne une chose, et une seule chose : la souffrance, et la fin de la souffrance.» La souffrance, dans son enseignement, ne désigne pas nécessairement la douleur physique, mais bien plutôt la douleur mentale que nous éprouvons quand notre tendance à nous accrocher au plaisir se trouve confrontée à la nature évanescente de la vie, et que nos expériences deviennent insatisfaisantes et ingouvernables.

La première fois que j'entendis l'enseignement bouddhiste sur la souffrance, j'eus la sensation qu'on me faisait un présent précieux. Enfin, quelqu'un parlait clairement de la nature des choses. La souffrance existe. Il y a beaucoup de plaisir en ce monde, mais aussi beaucoup de douleur. Il y a de merveilleux moments de rencontre, et il y a aussi des départs et des pertes. Il y a naissance, et il y a mort. J'avais l'impression d'entendre la vérité pour la première fois – une vérité dont personne d'autre ne voulait parler.

Quand on essaie de fermer la porte de sa vérité, on crée la souffrance. Dans nos sociétés, la porte est souvent fermée, car on nous a enseigné que la souffrance est honteuse. Nous pouvons fermer nous-mêmes la porte, parce que nous ne voulons pas voir notre propre souffrance, ou la révéler aux autres.

Souvent, dans le cadre familial, il y a un déni de souffrance. Parfois, il y a dans la famille beaucoup de souffrance – discorde, conflit, insécurité, violence – et pour protéger les enfants de cette vérité, on dresse un grand silence : le silence du déni, le silence du refus. Si jamais on en parle, on réemballe la souffrance, pour lui donner une autre présentation. Quand on parle des situations douloureuses avec des enfants, il faut de l'adresse, et une bonne communication, mais il apparaît souvent qu'ils sont conscients de ce qui se passe réellement. Sans l'affirmation explicite de ce qu'un enfant sent être la vérité, une division apparaît à l'intérieur – un conflit entre ce que l'enfant entend, et ce qu'il sent intuitivement. Les enfants apprennent à ne pas avoir confiance en eux-mêmes, moins encore en leurs parents. A cause de ce type de situation, la reconnaissance de la vérité de la souffrance est une formidable libération.

Mais le Bouddha ne s'est pas contenté d'enseigner la souffrance ; ce qu'il a surtout enseigné, c'est la *fin* de la souffrance. L'un des mes amis, quand il entendit la fameuse déclaration du Bouddha, qui dit qu'il n'enseignait qu'une seule chose, fit ce commentaire : «La souffrance et la fin de la souffrance, ce sont deux choses, pas une seule». D'un certain point de vue, ce sont en effet deux choses – ou bien nous souffrons, ou bien nous sommes libérés de la souffrance. Nous faisons la différence dans nos corps, nos cœurs, dans la moelle de nos os. Cependant, quand nous approfondissons les enseignements, nous commençons à découvrir leur unité. Car dans toute expérience, même une expérience douloureuse, nous pouvons trouver la fin de la souffrance, au cœur même de l'instant.

Mais quand nous faisons face à la souffrance, et que nous ne pouvons changer la «fin de l'histoire», alors, comment la souffrance finit-elle ? C'est l'une des situations les plus difficiles que nous puissions rencontrer dans notre vie. Nous commençons par ne pas nier la douleur, par reconnaître la vérité de la souffrance. Nous ne sous y résignons pas ; nous considérons la souffrance, et nous découvrons que l'immense capacité de nos cœurs inclut tous les aspects de la vie dans notre conscience. Quand nous faisons l'expérience de cette immensité de cœur, nous reconnaissons que ce n'est pas la douleur elle-même qui est non naturelle et cruelle, mais la solitude du sentiment, isolé dans la souffrance.

Quand nous nous ouvrons pleinement à cela, il devient possible de mettre le doigt sur une vérité essentielle quant à notre vie : la souffrance, à quelque type qu'elle appartienne, fait naturellement partie de notre existence. La connaissance de cette vérité donne à nos vies plénitude et paix, car elle nous libère des attitudes épuisantes, de faux semblant et de refus. Parfois, quand nous nous ouvrons à la souffrance, et que nous en voyons les racines, nous voyons aussi les mesures que nous devrions prendre pour apaiser la douleur. Par exemple, le petit garçon de mon amie souffrit beaucoup moins, grâce à l'attention et au soutien de sa mère. De cette façon, la voie de la fin de la souffrance consiste à voir clairement la douleur, et à remplacer le refus par la conscience et la compassion.

Je ne saurais compter les fois où je dis à mon maître U Pandita : «Les choses vont très mal. j'ai mal aux genoux, j'ai mal au dos, mon mental ne tient pas en place ; je ne peux pas pratiquer.» Et invariablement il me répondait : «C'est dukkha, n'est-ce pas ?» Encore et encore, je m'asseyais devant lui, avec un espoir immense, attendant qu'il suggère la solution magique – quelque chose qui ferait disparaître toutes les difficultés. Tandis que j'attendais, montrant ma peur et mon espoir, il se contentait de répéter : «C'est dukkha, n'est-ce pas ?»

La réponse d'U Pandita fut au début décevante, mais elle fut par la suite vraiment libératrice. Rien de ce que je pouvais faire ou changer ne pouvait se comparer au pouvoir et à la liberté de cette reconnaissance spontanée et primordiale : «C'est dukkha». Les paroles d'U Pandita me firent comprendre que mes difficultés n'étaient pas un drame personnel, mais une ouverture sur un aspect de la vie. La souffrance doit être vue et reconnue, non pas pour se noyer en elle, se perdre en elle, mais pour s'ouvrir plus pleinement à la vérité, et à tous les êtres.

Il y a des fois où ne nous pouvons changer «la fin de l'histoire», et faire partir toute la souffrance. Mais la fin change naturellement quand nous nous mettons en relation avec la vérité qui est devant nous, avec conscience et compassion. C'est l'unique enseignement du Bouddha : la vérité de la souffrance, est aussi la voie qui mène à la fin de la souffrance.

Faire Face à la Souffrance

AU COURS DE MON PREMIER SÉJOUR en Inde, en 1970, beaucoup de choses que je vis me choquèrent. L'expérience la plus choquante que j'eus, ce fut un jour que je marchais dans une rue de Bombay, où de jeunes femmes étaient enfermées dans des cages, pour être vendues comme prostituées. Beaucoup étaient des enfants qui avaient été vendues à des organisations criminelles qui contrôlent la prostitution en Inde, pour que leurs familles aient à manger.

Le souvenir de cette scène est encore vivante dans ma mémoire – comme un présage de ce qui allait venir. Maintenant, vingt années plus tard, on estime que Bombay compte cent mille prostituées, et que le taux de SIDA est de 52%. Cette maladie se répand si rapidement dans le pays que les Nations Unies estiment que l'Inde ne tardera pas être en tête des nations pour le nombre de personnes affectées par cette maladie. Le niveau de souffrance est déjà immense, mais il semble certain que cela va encore empirer.

La rapidité de la propagation du SIDA en Inde est due à de nombreux facteurs. La pauvreté omniprésente fait que même les hôpitaux gouvernementaux sont à cours d'instruments, si bien que les aiguilles et les seringues sont souvent réutilisées, risquant de propager encore l'infection. Les prostituées qui se risqueraient à demander aux hommes de mettre des préservatifs seraient réduites à la famine, et il n'est pas dans les coutumes que les épouses le demandent à leur mari. Aussi, les choses empirent.

En Inde, comme partout, les premières conditions de l'augmentation de la souffrance, c'est le refus. Fermer nos esprits à l'expérience de la douleur, chez nous ou chez les autres, ne fait qu'assurer sa continuation. Mais quand nous sommes témoins de l'immense souffrance, et que nous la nions, ou que nous trouvons un moyen de l'expulser de notre esprit, elle peut sembler écrasante. Je me revois marchant dans cette rue de Bombay, voyant ces filles, me sentant impuissante, voulant faire quelque chose, mais ne sachant pas quoi.

Pour faire quelque chose pour le monde, il faut d'abord avoir la force d'y faire face, sans se détourner. Simplement en marchant dans les rues de Bombay, j'ai fait face à beaucoup de choses : la souffrance des femmes et des enfants, la souffrance de la pauvreté et de la maladie, la souffrance de ne pouvoir aider qu'un tout petit peu, quand il y aurait eu tant à faire, la souffrance de ne savoir que faire.

En Inde, maintes portes cachent des angoisses, mais la porte la plus essentielle, partout dans le monde, c'est le mental. En nous ouvrant à la souffrance, nous regardons avec sagesse et compassion, nous faisons l'expérience de l'intime connexion de notre relation avec tous les êtres. Martin Luther King disait :

> C'est réellement que toute vie est en interconnexion. Toutes les personnes sont captives des mailles serrées de la réciprocité,

> prises dans un fil du destin. Ce qui affecte l'un directement, affecte les autres indirectement. Je ne pourrai jamais être ce que je dois être tant que vous ne serez pas ce que vous devez être, et vous ne pouvez être ce que vous devez être, tant que je ne suis pas ce que je dois être. Telle est la structure interconnectée de la réalité.

Quand nous reconnaissons la vérité de l'interconnexion, de la «co-relativité», nous sommes conduits à agir de façon différente. Et quoi que nous fassions, quelque insuffisant que cela puisse sembler, cela demeure un témoignage de notre volonté de faire nôtre le désir de libération de quelqu'un d'autre.

La vérité de notre interconnexion – de l'entrelacement de notre souffrance et de la libération de notre souffrance, avec celle des autres – est constamment sous nos yeux, si nous y sommes ouverts. Elle est présente dans l'épidémie mondiale de SIDA, maladie sans frontières. La première fois que j'en entendis parler, c'était comme d'une maladie exotique et rare, et il était pour moi inimaginable que je connusse un jour quelqu'un qui en mourût. A présent, j'ai plusieurs amis qui en sont atteints, et j'en ai eu qui en sont morts. Rares sont ceux maintenant, dans le monde entier, qui n'ont jamais eu affaire, de près ou de loin, avec cette maladie.

Ainsi, d'une façon subtile, mais très réelle, je vois que ma souffrance, et la libération de ma souffrance, sont clairement reliées à ma volonté de faire face à la souffrance de ces enfants encagées de Bombay, et au trouble que la conscience de cette situation a provoqué chez moi. Le changement de ma vision du monde, nécessaire pour que je les y inclue – au lieu de les ignorer ou de les rejeter, comme n'ayant pour moi aucun intérêt – est le même changement de perspective, qui dissipe notre illusion, profondément ancrée, d'isolement.

Dans l'illusion de la séparation, nous pouvons concevoir une oasis de connexion avec de rares personnes, peut-être notre famille et nos amis. Nous pouvons mettre une clôture autour de l'oasis, pour la protéger et la défendre, puis une fortification – et enfin, c'est tout un mode de vie qui perpétue l'illusion. Nous sommes perdus dans un sentiment de déconnexion, et de l'inutilité de prendre soin des autres. C'est seulement en ne refusant pas la réalité, que nous accédons à une connaissance de notre interconnexion avec l'ensemble de la vie. Quand nous ne sommes pas coupés de la sagesse et de la compassion, nous trouvons notre véritable refuge dans la communauté de tous les êtres. Nous ouvrir à la souffrance des autres, peut créer chez nous des difficultés, mais nous, et, potentiellement, le monde, sommes transformés par cette ouverture. Nous obtenons le pouvoir de réagir à la souffrance avec un amour insondable, et non plus avec peur et aversion. Seul l'amour est assez grand pour contenir toute la douleur du monde.

La Foi – L'engagement du Cœur

LE MOT PALI POUR FOI, est *saddha.* On le traduit souvent par «confiance», mais il vaudrait mieux le rendre par «engagement du cœur». Quand nous mettons tout notre cœur dans une pratique spirituelle, c'est un signe de confiance de la voie spirituelle dans laquelle nous sommes entrés. La foi nous ouvre à ce qui est au-delà de nos intérêts habituels, limités, égocentriques. Dans la psychologie bouddhiste, la foi est appelée la porte de toutes les bonnes choses, parce qu'elle est l'étincelle qui embrase notre aspiration à la méditation, et nos efforts. La foi nous donne le pouvoir d'accéder à la compassion, à la sollicitude aimante, et à la liberté.

Mais ce concept peut faire difficulté pour certaines personnes. La foi peut être associée à la croyance irrationnelle, ou impliquer la nécessité de faire allégeance à un credo ou une doctrine. Alors nous redoutons d'être jugés, par nous-mêmes et les autres, pour notre conformisme. Quand nous utilisons le mot *foi* dans un contexte bouddhiste, c'est quelque chose de très différent. Et cette différence est essentielle.

«L'engagement du cœur» ne signifie pas la croyance en quelque chose, si rigide que l'on en vienne à fermer son esprit à des idées nouvelles. Cela ne signifie pas non plus que nous utilisions ce en quoi nous avons foi de sorte que nous nous sentions séparés des autres, et que nous nous croyions supérieurs à eux. Nous n'avons besoin de dominer personne à cause de notre foi, ou de déclarer que la nef de notre foi est la seule qui vaille. Quand nous parlons de saddha, nous parlons d'une confiance sincère en la possibilité de notre éveil.

Point n'est besoin de considérer la foi comme une chose fixe, massive, que nous avons, ou n'avons pas. C'est à plusieurs niveaux que nous faisons l'expérience de la foi. Dans un texte bouddhiste classique intitulé les *Questions de Milinda*, un moine du nom de Nagasena se sert d'une allégorie pour illustrer cela. Plusieurs personnes, rassemblées au bord d'un ruisseau en crue, veulent le traverser, mais ont peur. Elles ne savent pas quoi faire, jusqu'à ce qu'arrive un sage, qui évalue la situation, prend son élan, et atterrit de l'autre côté. Voyant l'exemple de ce sage, les gens rassemblés disent : «Oui, on peut le faire.» Et ils sautent aussi.

Dans cette histoire, le rivage sur lequel le groupe se trouve, symbolise notre état présent, le plus souvent de confusion, et l'autre rive est l'esprit éveillé. Inspirés par l'exemple d'un autre, nous disons : «Oui, on peut le faire», parce que nous le savons d'expérience ; nous nous sommes élevés alors à un autre niveau de foi.

Le premier exemple témoigne de ce que l'on appelle la «foi claire». C'est le genre de foi qui apparaît quand notre cœur s'ouvre, par la rencontre de quelqu'un, ou de quelque chose, qui nous «émeut». Peut-être sera-t-on inspiré par la sagesse, ou la gentillesse, de quelqu'un. Ou bien ce sera grâce à une figure historique, comme le Bouddha, ou quelqu'un que l'on connaît, que l'on commencera à entrevoir la possibilité d'un mode de vie différent, plus heureux.

La foi claire est un sentiment merveilleux, et un commencement important, mais on ne peut se fonder dessus. Nous pouvons rencontrer un maître un jour, un autre maître un autre jour, et aller avec force vers eux, mais dans des directions différentes. Si nous cherchons quelqu'un d'autre pour étayer notre foi, nous pouvons être facilement distraits par n'importe quelle influence qui se présente ensuite.

Le niveau de foi plus profond est appelé «foi vérifiée», c'est-à-dire enracinée dans notre propre expérience. C'est une foi mûre, ancrée dans notre sentiment de vérité, centrée dans la compréhension de la nature du mental et du corps, que nous acquérons par notre conscience attentive.

C'est un grand tournant de notre vie, quand nous passons d'une appréciation intellectuelle de notre voie spirituelle, à la confiance sincère, «cordiale», qui nous fait dire : «Oui, l'éveil est possible. Moi aussi, je le peux.» Une joie formidable accompagne cette confiance. Quand nous engageons notre cœur dans la pratique, les enseignements prennent vie. Ce tournant, qui transforme le concept abstrait d'une voie spirituelle en *notre* voie spirituelle, c'est la foi.

Etre Sans Ego

QUAND MON MAÎTRE Dipa Ma est venue aux Etats-Unis pour la première fois, je l'ai emmenée au supermarché, à la station service, à la banque. Elle était très impressionnée par l'abondance et l'«efficacité» présentées par le monde occidental. Dipa Ma fut l'un des maîtres les plus extraordinaires que j'aie famais rencontrés ; elle faisait preuve d'une profonde compréhension de la vie. Mais pour ce qui était du monde «moderne», de la «technologie», elle n'avait que peu d'expérience ; cependant, ses vues «enfantines» furent souvent pour moi des leçons merveilleuses.

Un ami avait besoin d'argent liquide, et nous sommes allés à un distributeur automatique, à l'extérieur de la banque. Il glissa sa carte, fit son code, et l'argent sortit. Nous nous tournâmes vers Dipa Ma, nous attendant à la voir impressionnée. Mais elle secoua la tête, et dit : «C'est triste, très triste.» Embarrassés, nous lui demandâmes : «Qu'est-ce qui est triste ?» Elle répondit : «Cette infortunée personne, qui doit rester assise derrière le mur toute la journée, sans air, sans lumière, qui doit prendre les cartes, compter l'argent, et le donner.» Nous lui avons expliqué qu'il n'y avait personne derrière le mur ; c'était juste un processus interdépendant de parties composantes en interaction : «Ah ! dit elle ; c'est comme *anatta*.»

Dans les enseignements bouddhistes, le concept d'*anatta*, ou non-égoïté, signifie qu'il n'y a pas de petit être en nous qui tire les ficelles, pas d'entité séparée qui reçoive des impressions sensorielles, décide des réactions, puis les exprime. Dans ce monde de changement incessant, il n'y a pas d'entité durable que nous puissions appeler «je» ou «moi», ou «mien». Selon les lois de la nature, tout ce qui arrive dans le mental et le corps, le fait en conséquence de diverses conditions en interaction. Notre vie est le processus, en continuel changement, de nos corps et de nos esprits, en interaction avec les événements toujours changeants du milieu. Yeats exprimait cela quand il demandait : «Comment pouvons-nous distinguer le danseur de la danse ?» Notre vie est la danse, et où est le danseur, en dehors de cela ? C'est ce que signifie *anatta*, mot pali que l'on traduit par «insubstantialité», «non-essentialité», ou «transparence».

On pourrait demander : Si ce n'est pas «je», pas «moi», personne derrière le processus, alors, qui lit ? Qui médite ? Qui se met en colère ? Qui tombe amoureux ? S'il n'y a pas de «soi», qui donc a des souvenirs ? Qui se lève et sort de la chambre ? Qui meurt ? Qui renaît ? Pour pouvoir répondre à ces questions, nous devons considérer comment nous utilisons le moi *soi* comme cadre conceptuel. Penser au soi de cette façon est très utile, mais finalement, ce «soi» se révèle comme une hallucination de la perception – une illusion surimposée aux composantes de notre existence. Considérons le corps, par exemple. On dit qu'il consiste en 90% d'eau. Cette eau est elle même faite d'atomes d'hydrogène et d'oxygène. Les atomes, composés d'énergie, sont essentiellement un espace vide. Où donc est l'entité solide dont on dépend et que nous appelons «corps» ? La science dit que ce que nous appelons «matière» et ce que nous appelons «énergie», sont inséparables et interchangeables. C'est ainsi qu'est apparu le concept de «matière-énergie», pour essayer, par le langage, d'exprimer le flux et l'écoulement constant de notre univers, et la relation complexe entre toutes choses. Notre corps, comme tous les objets qui l'environnent, n'est nullement une entité statique et isolée, séparée des conditions changeantes qui le créent.

Peu après mon retour de mon premier séjour en Inde, j'ai rencontré quelqu'un qui parlait d'immortalité physique, et qui déclarait que la science pourrait dans l'avenir rendre cette possibilité effective. Comme je revenais tout juste d'Inde, où la mort n'est pas aussi cachée qu'en Occident, j'avais la conviction que cela était impossible – que la mort est inexorablement liée à la naissance. Nous pouvons aimer bercer l'espoir que la science nous rendra à même de contrôler n'importe quoi, que nous pourrons nous éveiller un jour, regarder dans le miroir, et dire : «Tu ne mourras pas.» Mais le corps, comme n'importe quelle autre chose, est un jeu interdépendant de conditions.

De même, tout ce qui apparaît dans l'esprit ne le fait qu'en relation avec le processus continuellement changeant de la dynamique de l'inspérabale corps-mental. Les pensées et les sentiments ne viennent pas à notre invitation. Nous pouvons créer les conditions d'apparition de certains états d'esprits, comme la sollicitude aimante, mais il ne s'agit pas d'une détermination absolue. Nous ne pourrons jamais déclarer en étant véridiques : «Dorénavant, je serai entièrement aimant et compatissant.» Si nous créons les conditions pour le changement, le changement finira par se produire ; si nous créons les conditions d'un changement radical, le changement radical finira par arriver, mais ce ne sera pas parce que nous avons décidé qu'il en sera ainsi – que nous avons dit : «Désormais, et à jamais, je suis plein de sollicitude aimante.»

Quand nous comprenons qu'il n'y a pas d'être en nous qui contrôle les choses, nous pouvons voir qu'un état d'esprit n'est que cela : un état d'esprit. Ce n'est pas *mon* état d'esprit ; je ne l'ai pas choisi. Pensez au nombre d'états d'esprit différents dont vous avez pu faire l'expérience aujourd'hui. Il a pu y avoir des moments de joie et de doute et d'espoir et de crainte. Lequel est le vrai «vous» ? Tout état – du corps, du mental, ou des sentiments – apparaît quand certaines conditions convergent, et disparaît quand les conditions se dispersent. Même les maladies graves du corps, comme le cancer, ou des états du mental, comme la dépression, qui semblent solides et durables, peuvent être reconnues comme la combinaison d'une multiplicité d'événements. Nous pouvons être capables de discerner les états mentaux ou les facteurs environnementaux qui contribuent à ces conditions, et nous pouvons être capables d'en changer certains, pour promouvoir notre guérison, mais aucune détermination volontaire ne nous permettra de les contrôler.

La base de l'enseignement psychologique du Bouddha est que, étant donné la vérité de l'insubstantialité et de l'interdépendance inhérentes, essayer de contrôler ce qui ne peut l'être, nous donnera la sécurité à laquelle nous aspirons. Cela ne nous donnera pas le bonheur. Quand nous lâchons prise à notre tentative de contrôle, quand, au lieu de cela, nous nous connectons pleinement avec nos expériences, alors nous pouvons pleinement traverser la transparence de toutes choses, et arriver à notre interconnexion fondamentale.

Ainsi, la compréhension d'*anatta*, la non-égoïté, nous permet d'entrer dans un état d'équanimité, qui est comme l'espace sans bornes : riche, et vivant, et dynamique. Il contient tout ; il ne combat rien ; il ne s'attache à rien. Considérer les autres avec ce genre d'équanimité, nous permet d'aimer chacun comme nous-mêmes.

Paul Valéry disait : «Dieu a tout fait à partir de rien, mais le rien transparaît.» Ce «rien» n'est pas une morne vacuité, mais plutôt un rayonnement, une translucidité. Dipa Ma fut un exemple de cette transparence ; elle avait la compréhension la plus profonde qui fût de la non-égoïté, et elle était la personne la plus pleine, et la plus aimante, que j'aie jamais rencontrée, ou même imaginée. Car en elle, la non-égoïté était devenue une grande équanimité. La vacuité transparaissait avec éclat chez Dipa Ma ; elle transparaissait dans l'amour qu'elle montrait pour tous les êtres, sans exception.

Le Pont de l'Empathie

LA RECHERCHE CONTEMPORAINE moderne montre que certaines personnes, quand elles sont dans un état mental très agité, oublient ce qu'elles ressentent. Leur cœur peut battre la chamade, leur tension peut grimper follement, elles peuvent suer abondamment – elles n'ont pas conscience d'être en colère, ni d'avoir peur, ni d'être angoissées. Près d'une personne sur six est dans cet état. Etant inconsciente de sa propre douleur, est-il possible qu'elle comprenne ce que quelqu'un d'autre peut ressentir, qu'elle ait de l'empathie pour elle ? Etant incapable d'avoir de l'empathie, comment peut-elle vivre pleinement ?

Quand nous pratiquons l'attention consciente, l'empathie est l'une des qualités que nous acquérons. Quand nous nous ouvrons à la gamme complète de nos expériences intérieures, nous devenons conscients de ce que nous percevons à chaque instant, ne niant plus certains sentiments, tandis que nous nous attachons à d'autres. En connaissant notre propre souffrance, nous bâtissons un pont qui nous relie à la douleur des autres, qui nous permet de sortir de notre auto-obnubilation, et d'offrir de l'aide. Et quand nous comprenons réellement ce que c'est que de souffrir – en nous-mêmes, et chez les autres – nous sommes contraints de vivre d'une façon qui crée le moins de mal possible.

Avec l'empathie servant de pont nous reliant à ceux qui sont autour de nous, une vraie moralité s'élève en nous. Sachant que quelqu'un souffrira si nous commettons un acte nuisible, ou que nous disions une parole blessante, nous ne tardons pas à découvrir que nous le faisons de moins en moins. C'est une réaction très simple, naturelle, et sincère. La moralité que nous trouvons, au lieu d'être une série de règles, est une répugnance incoercible à causer de la souffrance.

Dans les enseignements bouddhistes, on utilise une image pour illustrer cette qualité d'esprit : une plume, tenue près d'une flamme, se recroqueville, comme pour s'éloigner de la chaleur. Quand notre mental est imprégné de la connaissance de ce qu'est la souffrance, et a le désir compatissant ne n'en plus causer, nous reculons à l'idée de faire du mal. Cela arrive sans que nous fassions intervenir notre ego, pour obéir à la conscience et à la justice; cela arrive comme une expression naturelle du cœur. Comme le disait Anna Harendt : «La conscience est ce qui vous accueille si – et quand – vous finissez par rentrer chez vous.»

Deux qualités sont traditionnellement attribuées à ce bel et délicat sentiment de conscience qui donne naissance à «l'innocence» – au sens étymologique, à la «non-nuisance» – à «l'innocuité» : en pali, ces qualités sont appelées *hiri* et *ottapah*, que l'on traduit le plus souvent par «honte morale» et «crainte morale». Mais cette traduction est quelque peu inexacte, car ces qualités n'ont pas de rapport avec la peur ou la honte, avec la connotation autodépréciative qu'elles peuvent avoir. Ces qualités se rapportent au contraire à cette répugnance naturelle et totale à faire mal, à nuire, à causer de la souffrance. *Ottapah*, ou crainte morale, vient d'un sentiment de trouble, à l'idée de se brûler soi-même, et de brûler les autres. *Hiri*, la honte morale, se manifeste sous la forme d'une répugnance à causer aux autres de la souffrance, parce que l'on sait soi-même ce que cela fait.

Dans ce sens, de nous ouvrir à notre propre souffrance, peut être la source de notre connexion avec les autres. Nous nous ouvrons à cette douleur, non pas pour le plaisir d'être déprimés, mais pour ce qu'elle a à nous enseigner : voir les choses d'une façon différente, avoir le courage de ne pas blesser, reconnaissant que nous ne sommes pas seuls, et qu'il est impossible que nous le soyons.

Parfois, nous avons peur de nous ouvrir à quelque chose de douloureux, parce que nous avons l'impression que cela nous consumerait. Mais le propre de l'attention consciente est de n'être jamais vaincue par ce qui est l'objet présent de la conscience. Si nous sommes conscients d'un état distordu du mental, l'attention consciente elle-même n'est pas distordue. Même l'état du mental le plus douloureux, ou la sensation corporelle la plus pénible, ne ruinent pas l'attention consciente. Une ouverture vraie, née de l'attention consciente, est marquée par la «spaciosité» et la grâce.

Dans notre culture, on nous enseigne à écarter nos sentiments, à les mettre de côté. Ce genre d'aversion est l'action d'un esprit pris dans la séparation. Que ce soit sous la forme active, sauvage, de la colère ou de la rage, ou sous une forme plus intérieure, glacée, comme la peur, ces états mentaux ont pour fonction première de nous séparer de ce dont nous faisons l'expérience. Mais la seule façon d'éviter de souffrir soi-même, et de faire du mal aux autres, c'est d'établir la connexion – connexion à notre propre souffrance, et, par la conscience et la compassion, connexion à la souffrance des autres. Nous apprenons à ne pas créer de séparation, eu égard à rien ni à personne. C'est cela, l'empathie.

Pas de Pizza dans le Nirvâna

LE DESSEIN FONDAMENTAL de la méditation, c'est la libération parfaite, ou *nirvâna*. Le nirvâna n'est pas notre état conditionné habituel, dans lequel nous semblons être le percevant isolé d'objets «extérieurs», qui apparaissent et disparaissent continuellement. L'expérience intérieure du nirvâna est incompréhensible et inexprimable ; aussi ne le décrit-on traditionnellement que négativement : «non-né», «non-créé», «non-conditionné». Il m'arriva de projeter d'écrire un livre sur le nirvâna, et une amie me taquina à ce sujet : «Alors, tu vas essayer de faire la fable de l'ineffable !» Mais s'il semble impossible de parler du nirvâna, il n'est pas impossible de l'atteindre ; aussi allons-nous essayer de le «décrire».

En parlant du nirvâna, le Bouddha a dit : «O moines, il y a le non-né et l'inconditionné. Les quatre éléments, la terre, l'air, l'eau, et le feu, en sont absents.

Les notions de longueur et de largeur, de subtil et de grossier, de bon et de mauvais, de nom et de forme, sont toutes détruites. Ni ce monde ni l'autre, ni l'allée, la venue, l'état, ni la mort ou la naissance, ni les objets des sens, ne s'y trouvent.» Littéralement, *nirvâna* signifie «extinction» – comme une chandelle que l'on souffle. Faire l'expérience du nirvâna, cela signifie que notre séparativité et notre souffrance sont «éteintes».

Le nirvâna n'est pas un état que l'on connaît au moyen des sens. Tant qu'il y a un sujet qui connaît, et un objet qui est connu, il y a changement et conditionnalité. Le nirvâna est immuable. Il ne peut finir, car il n'a pas commencé. Ce n'est pas réellement une «expérience», au sens commun du terme.

La paix et la félicité que l'on trouve dans le nirvâna n'ont rien à voir avec la sorte plus familière de bonheur que l'on cherche au moyen des sens. Le bonheur découvert dans le nirvâna est indépendant de tout objet dont nous pourrions faire l'expérience, ou de toute pensée que nous pourrions avoir. A cause de notre conditionnement dans cette culture matérialiste, il peut sembler difficile d'imaginer un bonheur qui ne soit pas en rapport avec une expérience ou une sensation particulières.

Mon maître Munindra aimait à dire : «Il n'y a pas de pizza dans le nirvâna ; est-ce que cela vous intéresse encore ?» C'est une bonne question. Dans notre société, nous sommes incités à vouloir ceci ou cela. Mais quoi que nous obtenions, ce n'est pas suffisant, parce que ça ne dure pas. Aussi, la recherche de nouvelles conditions continue encore et encore. Nous cherchons de nouvelles expériences intellectuelles, de nouvelles expériences sexuelles, et de nouvelles expériences spirituelles. On est même prêt à détruire son corps, son mental, ses relations avec ceux qu'on aime – à détruire sa vie – pour quelque expérience.

Même si quelque chose d'agréable pouvait être durable, nous ne pourrions supporter d'en jouir encore et encore. Qui pourrait regarder le même film, sans cesse, sans souhaiter de répit ? Qui pourrait écouter un son ravissant qui ne cesserait pas ? Mais quand nous cherchons le repos d'une expérience, nous le faisons en en cherchant une autre. Le Bouddha a enseigné que le seul repos de cet ennui, de cette pression constants du changement, c'est le nirvâna.

Nous sommes nombreux à penser que, souhaiter être «éteint», entrer dans quelque chose qui n'est décrit que de façon négative, ou réaliser le «non-né», n'est guère engageant. Si l'on estime que le bonheur naît de sensations nouvelles et toujours plus intenses, le nirvâna peut apparaître comme une mort secrète, quelque chose de terrible, un grand vide glacé. Nous pourrions croire alors que l'essence de la pratique spirituelle, serait de nous emparer de ce «soi» – le soi qui nous a accompagnés toute notre vie, prenant soin de nous, veillant sur nous, étant bon avec nous – et de le tuer !

Cette notion d'annihilation est une perspective tout à fait épouvantable, mais cela n'a rien à voir avec le nirvâna. L'une des choses que j'ai tout particulièrement appréciées dans les enseignements du Bouddha, c'est qu'il ne parle pas du «soi» comme de quelque chose qui se cacherait en nous, qu'il faudrait tuer, effacer, ou chasser. Voici ce qu'il en dit : il n'y a pas de «soi» pour commencer, et il n'y en a jamais eu. Les enseignements ne parlent pas de quelque chose de précieux en nous que nous allons perdre, ni de quelque chose d'horrible que nous devrions terrasser et détruire. Notre pratique consiste à découvrir la vraie nature de l'ego, et non de le tuer.

Le nirvâna est un saut dans l'inconnu, dans ce qui est au-delà de notre réalité conditionnée, au-delà des paroles ordinaires, au-delà de nos désirs conventionnels, de nos idées conventionnelles sur ce que nous sommes. Quand je me fis bâtir ma maison, un architecte me dit : «Pour concevoir au mieux votre maison, il faut considérer le terrain, et le "voir" comme incomplet. Et puis, alors, comprendre que la maison en sera l'achèvement.» De même, quelque part en chacun, il y a le sentiment que le «terrain» de notre vie est incomplet. Parce que c'est un sentiment qui crée un certain malaise, nous pourrions être tentés de le rejeter, ou de chercher une stimulation supérieure en l'oubliant. Mais nous pouvons aussi considérer ce sentiment comme quelque chose de merveilleux, qui est un désir d'achèvement, de «perfection», de réalisation de notre vie dans ce qui est au-delà du bonheur ordinaire, passager, au-delà de notre «soi» apparemment séparé.

En méditation, nous percevons la non-essentialité et l'impermanence de tout ce en quoi consiste l'existence – et nous ressentons vivement l'insécurité que cela implique. Nous sommes aussi exaltés, admiratifs, devant le caractère merveilleux de l'existence, voyant véritablement quel miracle c'est. Ayant éprouvé l'exaltation et l'insécurité, le mental s'établit dans un état d'équanimité et de stabilité. Dans cet état d'équilibre parfait, il n'y a rien vers quoi incliner, pour anticiper l'avenir, pas d'avidité, pas la moindre impulsion envers quelque chose «d'autre». Il y a juste *être*. C'est ici que l'ouverture silencieuse, muette, du nirvâna, se produit.

La réalisation du nirvâna n'est pas une fantaisie ou une réalisation mystérieuse que nous admirons de loin parce que le Bouddha l'a eue, en un lieu lointain, il y a bien longtemps. C'est aussi *notre* réalisation. Le fait même que le Bouddha fut un être humain, nous montre qu'il nous est tous possible d'être libres. Cette possibilité est sous-jacente, à chaque instant de notre vie.

Pratiquer pour Mourir

J'AI PRÉPARÉ MON PREMIER VOYAGE en Birmanie avec beaucoup d'enthousiasme. La plupart de mes instructeurs étaient de ce pays, ou y avaient pratiqué la méditation, et c'est avec leurs maîtres que j'allais étudier. J'avais l'impression d'aller chez moi, et je comptais avoir plus pleinement l'expérience de la lignée bouddhiste dont je faisais partie.

C'était au début des années soixante-dix, et il n'était pas facile de se rendre dans ce pays. L'attente pour l'obtention d'un visa était très longue, et la durée maximum de séjour autorisée, était de sept jours. Je finis par apprendre à prolonger la durée de mon séjour, en usant du même subterfuge que celui dont se servaient ceux qui, comme moi, désiraient rester en Birmanie pour méditer : entrer en Birmanie depuis un pays voisin, comme l'Inde ; au bout de sept jours, partir pour un autre pays, comme la Thaïlande ou le Népal, seulement pour obtenir un autre visa de sept jours, pour revenir en Birmanie. Certains méditants usaient depuis longtemps de ce stratagème. C'était un processus pénible et coûteux, mais cela nous permettait d'avoir accès à ce pays coupé du reste du monde, et à ses merveilleux maîtres.

C'est ainsi que, avec beaucoup d'efforts, d'argent, et d'organisation, je pus entrer en Birmanie pour la première fois. Avec beaucoup d'idées en tête, m'attendant à beaucoup de choses, j'arrivai à Rangoon, et je me rendis au centre de méditation où mon premier instructeur, S. N. Goenka, avait étudié. Je commençai ma précieuse pratique de sept jours, mais bientôt je contractai une toux terrible. Elle fut si persistante que, pour calmer mes accès de toux, j'essayais de dormir assise. Je me sentais très mal. J'étais amère et de mauvaise humeur. Je n'arrêtais pas de penser : «J'ai dépensé tout cet argent pour être avec ces maîtres exceptionnels dans cet endroit magique, et tout cela est gâché parce que je suis tombée malade. Je ne peux pas bien pratiquer, je me sens très mal, je ne peux pas m'empêcher de tousser.»

Cela, je finis par le dire, d'une voix geignarde, me prenant moi-même en pitié, à Sayama, la femme qui était l'instructrice principale du centre de retraite. Elle me regarda très calmement pendant un moment, puis me dit : «Bon, je suppose que ce sera une bonne pratique pour le moment de votre mort.»

J'étais abasourdie. Après tout, j'étais membre d'une génération tout à fait sensationnelle, vouée à chercher d'agréables états altérés de conscience, et des expériences merveilleuses. Comme la plupart des chercheurs spirituels que je connaissais, je me vouais pleinement à mourir consciemment. Je m'imaginais allongée sur un lit, entourée de mes amis, lisant tout haut *Le Livre des Morts Tibétains.* Il y aurait des bougies et de l'encens et une musique délicieuse. Mais cette image de ma mort consciente ne comportait pas la possibilité de subir une gêne quelconque ! Je serais mourante, mais je me sentirais très bien !

Il était atterrant de réaliser que Sayana avait absolument raison. L'expérience affligeante de la maladie que je faisais, était une occasion de pratiquer pour le moment où mon corps serait à l'article de la mort. Je réalisai combien mon sens de la spiritualité était limité – comme si la conscience attentive ne devait être appliquée qu'aux «bons» moments, comme si la conscience devait trébucher face à la maladie, la douleur, et la déception. J'avais en fait tracé une frontière autour de mes expériences, disant : «Tout ce qui arrive à l'extérieur de ces limites, tout ce que je n'aime pas, ne doit pas faire partie de ma réalité. Aussi, je n'y ferais pas attention; que ça arrive dans ma vie courante, ou quand je suis assise sur mon coussin de méditation, je ne l'accepterai pas.» J'ai encore ces paroles en tête, et elles semblent avoir été dites par une gamine grognonne de quatre ans.

La mort n'est pas nécessairement une expérience agréable, et, en réalité, nombre des expériences que nous faisons au cours de notre vie ne sont pas agréables. Mais elles représentent l'une des occasions les plus profitables d'accéder à une Pratique spirituelle réelle – une pratique qui nous prépare à toutes les vérités de la vie. Si nous avons la capacité de rester équilibrés face aux désagréments, si nous pouvons rester attentifs quand nous sommes misérables, alors chaque moment, y compris les derniers, peut être empreint de la paix à laquelle nous aspirons. Aussi aujourd'hui, si je suis malade, ou si je souffre, je me rappelle les paroles de Sayama : «Bien, je suppose que ce sera une bonne pratique pour le moment de votre mort.»

Le Monde Transparent

LE BOUDDHA A ENSEIGNÉ que toute choses existent en dépendance des conditions, dans une relation continuellement changeante, et, ainsi, insubstantielle. Les objets de notre expérience sont sujets au changement, et il en va de même de nos façons de penser, notre cadre conceptuel. Nous pouvons parler de la très grande hauteur de l'Empire State Building, jusqu'à ce que nous le comparions au World Trade Center, qui est plus grand. Nous pourrions chercher un objet qui soit grand de façon inhérente, mais nous ne parviendrions pas à le trouver, parce que notre compréhension ne se fait qu'en relation avec quelque chose d'autre.

L'insubstantialité de nos façons de penser, de nos concepts, se révèle à nous sans cesse. Elle me fut révélée de façon puissante quand je me rendis à la Lama Foundation, une communauté spirituelle du Nouveau-Mexique. En mai 1996, des incendies ravagèrent le nord du Nouveau-Mexique, détruisant sept mille cinq cents arpents de forêt, ainsi que trente-deux maisons et autres édifices de la communauté des Lamas. Les résidents de la Lama Foundation furent forcés d'évacuer. Quand ils furent autorisés à revenir, ils découvrirent que la montagne qui avait été très boisée, n'était plus qu'un désert de cendres, de ruines, d'arbres morts.

Notre voyage jusqu'à la Fondation nous mit en présence d'un spectacle sinistre. Le paysage était profondément bouleversé ; on avait l'impression étrange de pénétrer dans un négatif, l'horizon était ligné des silhouettes des arbres carbonisés. Dans notre tentative de nous orienter, nous localisâmes des endroits qui nous avaient été familiers, et qui maintenant étaient entièrement dévastés.

Je parlai avec des gens qui vivaient sur ces montagnes, et ils dirent qu'ils se considéraient comme faisant partie de la communauté, de la Lama Foundation. Maintenant, ils se demandaient : «Où est la Lama Foundation ? Consiste-t-elle en les terrains ? Elle est, ainsi, largement détruite. En la présente communauté ? Et est-elle, ainsi, largement intacte. En l'esprit, que l'on peut trouver dans de nombreux endroits, partout où l'on accomplit des pratiques spirituelles ? Est-elle située dans les expériences que d'innombrables personnes ont eues au cours des ans, quand ils sont venus ici, et ainsi existante partout où ils sont ? Consiste-t-elle en l'influence que toutes ces personnes ont eue sur d'autres, et est-elle ainsi répandue dans le monde entier ? Pouvons-nous trouver la chose précise qui soit la «Lama Foundation» ?

Quand des notions fixes de désignations et de catégories sont dissoutes, nous nous apercevons que nous vivons dans un monde de changement complexe, extraordinaire, entièrement transformable, sans bornes, et transitoire. Nous vivons dans un monde de transparence, d'insubstantialité. L'expérience n'existe pas comme réalité substantielle, en dehors des conditions qui l'ont créée.

Dans notre rapport avec notre vie, nous avons un choix fondamental à faire : nous pouvons connaître et accepter ce monde éphémère, fugitif, ou nous pouvons nous attacher à une notion erronée de solidité, ou de catégories permanentes de façon inhérente. Mais si nous refusons l'insubstantialité des choses, nous ignorons la nature vivante, fluide de l'univers. Nous devenons prisonniers des limitations de simples concepts, et nous ne réalisons pas combien nous sommes contraints, tant que nous n'avons pas lâché prise. Nous lâchons prise à une identité individuelle, et nous trouvons la compréhension de l'»endroit» où la Lama Foundation n'a pas été détruite, et où nous ne mourons pas. N'ayant pas de vision solide, inflexible, rigide, nous découvrons l'expansibilité de la vie, son extraordinaire richesse de possibilités. Alors, quel que soit l'objet de notre expérience, nous pouvons le connaître avec un cœur illimité.

Piments

UNE FOIS, lors d'une retraite de méditation en Birmanie, je prenais tranquillement mon repas, et je mordis inopinément dans un piment. Ma bouche fut en feu, et aussi, mon esprit. «Je vais partir de ce pays», pensai-je immédiatement. «Cette nourriture épicée va me rendre malade. Je vais attraper un ulcère.»

Je devais avoir une entrevue avec mon maître, Sayadaw U Pandita, juste après le déjeuner. Quand je vins le voir, je demandai, aussi innocemment que possible : «Pourquoi les Birmans aiment-ils tant le goût des piments ?» Il me dit : «Nous n'aimons pas beaucoup le goût des piments». Je lui demandai, avec indignation : «Pourquoi alors en mettez-vous tant dans la nourriture ?» Il répondit : «Nous pensons que la sensation piquante, brûlante, que l'on a quand on croque un piment, nettoie le palais, et que cette purification du palais est très bonne pour la digestion. Nous pensons que les piments sont bons pour la santé, et nous en mettons beaucoup dans la nourriture.» Ainsi, il apparaissait que la même sensation de brûlure qui me faisait craindre un ulcère à l'estomac, le Birman la tenait pour une chose bonne pour la santé. La même sensation, deux réactions très différentes.

L'un des moments les plus puissants de vue profonde que nous pouvons connaître, c'est quand, au milieu d'une expérience, nous voyons qu'il y a une différence marquée entre notre sensation immédiate et la réponse mentale que nous y ajoutons. Nous commençons alors à voir que ce que nous considérons comme notre expérience de la réalité, a deux aspects essentiellement différents.

La premier aspect a trait à la propriété naturelle de toute expérience, et est universel. Si vous mordez dans un piment, et que vos papilles gustatives fonctionnent, qui que vous soyez, où que vous viviez, vous éprouverez une sensation de brûlure. Le premier aspect est ce qui est vrai par nature – la vérité, directe, non ornée, non élaborée, du moment.

Le second aspect a trait à nos concepts – les interprétations que nous ajoutons à l'expérience directe. Ils sont fondés sur nos désirs, souvenirs, systèmes de croyance, expériences passées, et craintes. Toute la force de notre conditionnement psychologique, personnel, et culturel, se manifeste à ce moment. Nous ornons l'expérience, et tirons des conclusions sur ce qu'elle signifie pour notre vie.

La pratique de la conscience attentive nous permet de discerner ces deux aspects distincts. Grâce à elle, nous pouvons voir que les interprétations, les sentiments quant à ce qui est arrivé, les idées que nous entretenons à ce sujet, ne font pas partie, de façon inhérente, de cette expérience particulière. Ce n'est pas que nous voudrions – ni pourrions – éradiquer l'aspect de la réalité qui est conceptuel et interprétatif. Cependant, d'avoir une conscience immédiate de ces deux parties, nous rend conscients de l'océan de concepts dans lequel nous nous noyons le plus souvent.

Quand nous comprenons qu'une expérience particulière n'exige pas d'interprétation particulière, nous nous éveillons à ce qui appelé dans l'enseignement bouddhiste «vision karmique». Il y a tant de façons de percevoir et d'interpréter et de ressentir, au sujet du même événement, selon le conditionnement que nous apportons à ce moment ! Comme Kalu Rinpoché le disait : «Si cent personnes dorment et rêvent, chacune fera l'expérience d'un monde différent dans son rêve. Le rêve de chacun peut être considéré comme vrai, mais il serait insensé de prétendre que seul le rêve d'une personne était le vrai monde, et que tous les autres étaient erronés. Il y a une vérité pour chaque percevant, selon son schéma karmique qui conditionne sa perception.»

Le monde qui est créé par notre vision karmique est riche et varié. En étant attentifs, nous pouvons nous rappeler combien notre propre vision du monde affecte ce que nous faisons de chaque expérience, et que la même expérience pourrait être interprétée de façon très différente par quelqu'un d'autre.

Joseph Goldstein et moi, nous nous trouvions dans un hôtel à Londres, quand, au beau milieu de la nuit, la sirène retentit. Je jaillis du lit, pensant : «Que devrais-je faire ?» Nous étions au sixième étage, et je m'étais récemment foulé la cheville. Je savais qu'il était dangereux de prendre l'ascenseur, et que je devrais ainsi descendre par l'escalier. «Que dois-je emporter ?», me suis-je demandé. L'alarme continuait ; je pris mon passeport, et quittai la chambre. Dans le couloir, je rencontrai Joseph, qui occupait la chambre voisine. Il avait pris son passeport et ses notes pour les instructions de Dharma qu'il devait donner pour la retraite prochaine.

Nous sommes descendus, pour trouver la réception pleine de gens. C'était une scène saisissante. Certaines personnes semblaient avoir ramassé tout leur bien, et l'avoir descendu avec eux. D'autres n'avaient rien pris. Il y avait des femmes qui portaient des gants blancs, des perles, et qui étaient maquillées ; des hommes étaient en costume trois pièces, et d'autres étaient à moitié nus. Alors, tandis que je demeurais là, à 3 h du matin, cette pensée me vint : «C'est ainsi qu'est la vie à tout moment, chacun réagissant à une expérience à sa manière propre.»

La vision que chacun a des événements est conditionnée par une multitude de choses, mais quand nous avons peur, ou que nous sommes dans l'incertitude, nous tendons à nous accrocher à nos perceptions, comme si elles étaient universellement vraies. Nous confondons la nature directe d'une expérience avec notre réaction particulière, comme si cette réaction était exigée par l'expérience même. Ainsi, le monde devient soudain très petit. On appelle cela fixation. Lorsque nous nous imaginons que chacun perçoit le monde à notre façon, ou qu'il devrait le faire, non seulement nous renforçons nos perceptions subjectives, mais nous perdons aussi la capacité de nous connecter intimement avec les autres, et nous nions la richesse de leurs expériences.

Quand nous parvenons à connaître la différence qu'il y a entre la propriété naturelle de toute expérience, et l'interprétation que nous en avons, nous commençons à réaliser la très grande relativité de nos réactions. Reconnaissant qu'un immense choix de sentiments et d'interprétations peut apparaître en réaction à n'importe quel événement, nous voyons que nous n'avons pas besoin de nous accrocher si férocement à nos propres réactions. Il n'est pas nécessaire de se laisser piéger par le monde que l'on trouve à chaque instant, une fois que l'on a réalisé qu'il est façonné par ses perceptions.

Connaître l'Immortel

LE BOUDDHA, impressionné quand il vit un cadavre pour la première fois, et réalisant que le même sort l'attendait, quitta son foyer pour chercher à se libérer du cycle de la vie et de la mort. «Moi qui suis sujet au changement, dit-il, je ne dois pas chercher refuge dans ce qui est aussi sujet au changement.» Au cours des âges, il y a eu une aspiration spirituelle à ce qui est intouché par le changement et la mort – une vraie paix. Le Bouddha lui-même a dit : «Les facultés spirituelles tendent vers l'Immortel, se fondent dans l'Immortel, et s'achèvent dans l'Immortel.»

Ma mère mourut quand j'avais neuf ans. Quand j'en eus dix-huit, je me rendis en Inde, à la recherche de ce qui ne meurt pas. Je pense que mort signifiait pour moi abandon ; c'était quelque chose comme une fuite et de l'amertume. Je cherchais un refuge dans la vie, et j'espérais que la pratique de la méditation me le révélerait.

Nous sommes nombreux à essayer de considérer la vie comme notre refuge contre la mort – c'est-à-dire, jusqu'à ce que nous voyions clairement ce qu'est la vie elle-même. Il n'y a rien que nous puissions avoir, que nous ne puissions aussi perdre. Rien ne naît qui ne meure aussi. Nos vies sont faites, comme le dit Emerson, «de l'écume volatile du présent que toute ombre altérera, que toute pensée emportera, que tout événement annihilera.»

Un texte bouddhiste dit de même :

> Sache que toutes choses sont ainsi – un mirage, une cité de gandharva, un rêve, une apparition, sans essence, dont on ne peut voir que les qualités. Sache que toutes choses sont ainsi – comme la lune reflétée dans l'eau claire d'un lac, bien qu'à ce lac, elle ne soit jamais venue. Sache que toutes choses sont ainsi – comme un écho d'une

> musique, de sons, de pleurs, mais dans cet écho il n'y a pas de mélodie. Sache que toutes choses sont ainsi – comme des images de chevaux, de bœufs, de chariots, et d'autres choses, faites par un magicien, rien n'est comme il apparaît.

La question qui se pose alors est la suivante : «Y a-t-il dans la vie quelque chose qui ressemble à un soi solide, séparé, qui meurt un jour ? Y a-t-il rien de permanent ? A quoi peut-on bien s'attacher ?» Quand nous ouvrons notre conscience pour poser ces questions, nous parvenons à voir clairement la nature de notre existence. En demandant : «Qui est celui qui meurt ?», nous avons le premier aperçu de ce que le sans-mort peut être.

Si l'on observe bien, on voit que le soi séparé que nous avons chéri et défendu, et pleuré, n'est qu'une identité supposée. Toutes nos conceptualisations et nos désirs ne sont nés que de la tyrannie forgée de quelque chose qui n'a jamais existé authentiquement. Quand nous démasquons l'illusion du «soi» séparé, une connaissance directe de la transparence et de la totale interdépendance de toute la vie se révèle à nous. Quand nous réalisons qu'il n'y a jamais eu de soi séparé qui meure, nous reconnaissons que l'Immortel n'est pas «autre», et nous sommes libérés par la vérité de cette réalisation : la mort n'est pas séparée de la vie.

La Compassion est un Verbe

COMME TROCH NATH HANH, le moine zéniste vietnamien le fait remarquer, «la compassion est un verbe». Ce n'est pas une pensée ni un sentiment, mais un mouvement du cœur. Comme on la définit de façon classique en pali, la compassion est «le tremblement et le frissonnement du cœur». Mais comment disposons-nous nos cœurs à cela ? Comment «faisons-nous» de la compassion ?

La compassion est née de la sollicitude aimante. Elle est née de la connaissance de notre unité – mais pas seulement d'une pensée, ou d'un simple souhait. Elle est née de la sagesse qui fait voir les choses exactement comme elles sont. Mais la compassion naît aussi de la pratique consistant à «incliner» le mental, à raffiner notre intention. Le Dalaï Lama a dit un jour : «Je ne sais pas pourquoi les gens m'aiment tant. Ce doit être parce que j'essaie d'être compatissant, d'avoir *bodhicitta*, l'aspiration à la compassion.» Il ne revendique pas le succès – il se prévaut seulement d'un engagement à essayer vraiment.

Y a-t-il une différence, en qualité ou en quantité, entre la compassion que chacun peut avoir, et celle du Dalaï Lama ? Est-ce qu'il fait l'expérience de plus de moments de compassion à la suite ? Ou la qualité réelle de la compassion est-elle différente ? On peut considérer cela selon des perspectives différentes, mais selon notre vision traditionnelle, un moment de compassion de n'importe lequel d'entre nous est aussi pur, aussi profond, aussi direct, que celui de n'importe qui d'autre ; mais ce qui arrive, c'est que nous pouvons perdre le contact avec lui plus souvent. Nous sommes distraits, nous oublions, nous sommes pris par quelque chose d'autre, ou nous confondons un autre sentiment avec l'état de compassion.

Nous pouvons parfois penser que nous éprouvons de la compassion, alors que ce que nous ressentons en réalité, c'est de la peur. Nous pouvons avoir peur de faire une action, d'affronter une personne ou une situation, d'avoir à faire preuve d'énergie ou de devoir prêter la main. Nous persuadant que nous sommes gentils ou compatissants, nous battons en retraite. D'un point de vue bouddhiste, ce manque d'effort pour soulager notre souffrance, ou celle d'un autre, est considéré comme un manque de courage. Parce qu'il n'est pas facile de voir le manque de courage en soi-même, nous préférons penser que nous sommes compatissants, plutôt qu'effrayés.

Un autre état d'esprit qui est souvent pris pour de la compassion, c'est la culpabilité. Quand nous voyons quelqu'un qui souffre alors que nous sommes très heureux, ou si nous avons un bonheur que quelqu'un d'autre ne partage pas, nous pouvons penser que nous ne méritons pas notre bonheur, ou que nous devrions retenir notre bonheur, par pitié pour l'autre. Mais la culpabilité, dans la psychologie bouddhiste, est définie comme une haine de soi et une forme de colère.

Certes, il arrive que nous reconnaissions que nous avons mal agi, et que nous éprouvions des remords. Ce genre de remords peut être important et curatif. Il diffère fortement de la culpabilité que nous ressentons comme un état de contraction, dans lequel nous passons interminablement en revue ce que nous avons pu faire et dire dans le passé. Dans cet état de culpabilité, nous devenons le centre d'intérêt ; au lieu de nous employer à servir les autres, nous nous employons à nous débarrasser de notre culpabilité, et ainsi à nous servir exclusivement nous-mêmes. La culpabilité pompe notre énergie, tandis que la compassion nous donne la force de tendre la main pour aider les autres.

Pour lâcher prise au sentiment de peur et de culpabilité, et entrer dans la compassion véritable, nous avons besoin de voir sans hésitation tout ce que nous pouvons ressentir ou faire. L'une des vertus de la conscience, c'est que nous pouvons considérer sans hésitation ce dont nous faisons réellement l'expérience. N'ayant pas peur de notre peur ni de notre culpabilité, nous pouvons dire : «Oh oui ! C'est de la peur, c'est de la culpabilité ; c'est vraiment ce qui arrive maintenant.» Alors, nous pouvons revenir à notre intention d'être compatissants.

Quand nous pratiquons la compassion, nous pouvons commettre l'erreur d'essayer de poser un masque de sollicitude sur ce que nous ressentons en réalité : «Je ne dois pas avoir peur, je ne dois pas ressentir de culpabilité, je dois seulement ressentir de la compassion, parce que c'est ce à quoi je me suis voué.» Il importe cependant d'avoir à l'esprit que la clarté qui est au cœur de la compassion vient de la sagesse. Nous n'avons pas à lutter pour être quelqu'un que nous ne sommes pas, en nous haïssant pour la confusion de nos sentiments. La vision claire de ce qui arrive, c'est la base à partir de laquelle la compassion s'élèvera.

Ce qui est important, c'est l'intention inébranlable du mental, d'aller jusqu'à la racine de la souffrance. Nous avons besoin de force, de courage, et de sagesse, pour pouvoir nous ouvrir si profondément. Alors, la compassion peut apparaître.

L'état de compassion est holistique et nourrissant ; le mental compatissant n'est pas brisé quand il fait face à la souffrance. Il est vaste, et résistant. La compassion est nourrie par la sagesse de notre interconnexion. Cette compréhension surpasse un martyre dans lequel nous pensons seulement aux autres, ne prenant jamais soin de nous-mêmes. Et elle va aussi au-delà de cet état égotiste, dans lequel nous ne nous intéressons qu'à nous-mêmes, et jamais aux autres. La connaissance de notre interconnexion apparaît solidairement avec l'apprentissage de l'amour de soi. Le Bouddha a dit que si nous nous aimions vraiment, nous ne blesserions jamais personne. Car blesser un autre, c'est amoindrir l'être que nous sommes. Quand nous pouvons nous aimer nous-mêmes, nous abandonnons l'idée que nous ne méritons pas l'amour et l'attention, que, théoriquement, nous voulons donner aux autres.

En étant conscients de la vérité du moment présent, et aussi en entretenant une vision du souhait le plus profond de notre cœur, d'aimer tous les êtres, nous établissons notre consécration à la compassion. Il se peut que la manifestation éclatante de la compassion du Dalaï Lama soit un reflet non seulement du nombre de moments où il est compatissant, ou de la façon dont ces moments transforment la qualité de sa présence, mais aussi de sa confiance totale en la possibilité et en l'importance d'être une personne vraiment aimante.

TROISIÈME PARTIE

AIMER AVEC SAGESSE ET COMPASSION

Tout au long de l'Histoire, il y a eu des personnes qui ont réalisé la vérité, des personnes qui ont irradié un sentiment de plénitude, né de la vision claire et de l'amour. Quand nous entendons parler de ces gens apparemment si extraordinaires, ou que nous avons la chance d'en rencontrer, nous voyons en eux la capacité latente qui est en chacun de nous ; nous nous souvenons de notre vrai soi. La pratique de la méditation fait éclore notre sagesse et notre compassion latentes. Une fois qu'elles sont développées grâce à la pratique, ces qualités donnent naissance au désir irrépressible d'aider les autres. La connaissance de notre interconnexion avec tous les êtres, et les actions qui en découlent naturellement, nous ramènent aussi continuellement à notre vrai soi, engendrant force, gratitude, et conscience profonde. Ce pouvoir spirituel se manifeste dans notre vie, dans notre monde quotidien. Vivre la pratique au moyen d'une action et d'une compréhension sincères, découle naturellement de la consécration à notre propre libération, et à la libération de tous les êtres. En réalité, nous pouvons vivre, avec le cœur aussi vaste que le monde.

La Révolution du Bouddha

QUAND LE BOUDDHA fit sa prédication, il y a quelque 2500 années, la structure sociale de l'Inde était établie sur un système philosophique «rigide». Selon la vision du monde qui prévalait alors, et qui prévaut encore largement en Inde, chacun appartient à une catégorie qui a une nature et un devoir particuliers (*svadharma*). Ce devoir et cette nature étaient considérés comme aussi naturels aux hommes, qu'il l'est au feu de brûler, et au rocher d'être dur, à l'herbe de pousser et d'être verte, et aux vaches de manger de l'herbe et de donner du lait. La responsabilité de chaque être, était de réaliser sa nature propre, et de se conformer à une disposition idéale qui lui est particulière. Cette disposition était considérée comme une vérité immuable.

Socialement, cette conception se traduisit dans le système des castes. Les gens sont nés destinés à réaliser une certaine nature. C'était le devoir de certaines classes de gens de gouverner, des brahmanes de méditer, et d'autres gens de se vouer à la production de la nourriture et des biens matériels. Selon cette vision du monde, des actions conçues comme morales ou appropriées pour une caste étaient considérées comme complètement immorales pour une autre. Il était convenable, et bénéfique, qu'un membre de la caste des brahmanes lise et étudie les Ecritures, par exemple, mais un hors caste n'en avait pas le droit.

C'est dans ce contexte social que le Bouddha introduisit ses enseignements «révolutionnaires». Ce qu'il enseignait quant à l'éthique, était «radical» à l'époque, comme ça l'est encore aujourd'hui. Il déclara que ce qui détermine si une action est morale ou immorale, c'est l'intention de la personne qui l'accomplit. «Ce n'est pas par naissance que l'on est brahmane, ou hors-caste, mais par ses actes». Cet enseignement, en effet, s'inscrivait en faux contre la structure sociale de l'Inde.

Le Bouddha déclara que le seul statut qui importe vraiment, c'est celui de la bonté personnelle ; et que la bonté personnelle est atteinte au moyen de l'effort personnel, et non par naissance. Que l'on soit homme ou femme, riche ou pauvre, brahmane ou hors-caste – une action fondée sur l'avidité aura telle conséquence, une action fondée sur la sollicitude aura telle autre conséquence. «Un vrai brahmane est quelqu'un qui est gentil, sage, et aimant», dit-il, passant ainsi sous silence l'importance de la caste, de la classe, etc.

Le Bouddha disait clairement que nous ne sommes pas attachés à des normes différentes. La vérité de la souffrance et de la fin de la souffrance, liée si intimement à notre comportement éthique, est la même pour tous. Quelle que soit la personne qui agit, l'intention ou la volition derrière l'action est la graine karmique qui est plantée. La force de motivation derrière l'action est ainsi considérée comme l'aspect le plus important de l'action. Essentiellement, nos intentions sont une expression du pouvoir de notre esprit. Transformer nos motivations transforme notre vie entière : notre bonheur, notre degré de connexion aux autres, notre liberté. Aucune d'elles n'est fixée dans les aspects particuliers extérieurs de ce que nous sommes ; tous résident dans le potentiel universel de ce que nous pouvons devenir.

En niant qu'une classe particulière d'hommes ait l'apanage de cette autorité et de cette capacité spirituelles, le Bouddha estimait que nous n'avons besoin de personne pour méditer sur le divin, qu'il n'est pas nécessaire qu'une classe spéciale ait pour devoir d'explorer profondément la spiritualité. Il est du pouvoir de chacun d'être spirituel ; c'est le devoir de chacun, le rôle de chaque être. Nous pouvons tous utiliser le pouvoir de conscience pour notre propre libération ; notre vérité est une vérité dont nous témoignons nous-mêmes, notre foi éprouvée par notre propre expérience. La tâche la plus puissante est d'abord effectuée à l'intérieur du mental, parce que le mental est le précurseur de tous les éléments de la vie. En nous montrant l'importance capitale de nos intentions, le Bouddha établit que chacun est responsable de son propre esprit, et, par conséquent, de sa propre liberté. C'était une opinion très partagée dans l'Inde ancienne, que le désir sexuel s'élevant dans l'esprit d'un homme, était une faute de la femme, car elle était la conséquence de la tentation que la femelle exerce sur le mâle. (Est-ce que, de nos jours, cette opinion est si obsolète ?) Le Bouddha réfuta cette opinion en disant que, quel que soit l'objet, la nature du désir apparaissant dans l'esprit de n'importe qui est la même, et que le choix de la réaction est de la responsabilité de la personne dans l'esprit de laquelle ce désir est apparu. Finalement, détourner la responsabilité ne fait que nous condamner à être un agent impuissant de notre vie. La liberté est un potentiel réel, mais la façon dont nous travaillons avec notre esprit est de notre ressort.

Nous seuls pouvons connaître nos propres méditations. Dans toute action, ce qui est vu de l'extérieur est simplement l'acte même. Si je devais vous tendre un livre, quiconque en serait témoin ne verrait que ma main tendue, et l'acte de vous donner le livre. Il se peut que je vous le donne parce que je vous aime bien, et que je veux que vous ayez ce livre ; ce peut être aussi parce que je sais que vous avez un livre que je veux, et que j'espère que, ce faisant, vous me le prêterez en échange. Je peux aussi vous donner ce livre parce que nous sommes dans une pièce pleine de monde, et que je veux donner l'impression que je suis quelqu'un de généreux ; mon action peut aussi obéir à une foule d'autres motivations. La différence est que, dans un cas, ma motivation sera la générosité, et dans un autre, l'avarice. Etant donné l'insistance que les enseignements mettent sur la valeur libératrice de la transformation de nos intentions, il est capital que nous sachions ce que sont lesdites intentions. Car c'est dans nos intentions que résident le pouvoir de notre esprit, et la possibilité d'un changement essentiel.

Dans ce simple enseignement sur le pouvoir de l'esprit, le Bouddha fit éclater la «bulle» de la classe sociale : le détournement de la responsabilité, le respect aveugle de l'autorité religieuse, et la définition du potentiel selon des critères extérieurs. Dans cet enseignement unique, il renvoya la possibilité de se libérer à chacun de nous.

Réconcilié

DEUX DE MES AMIES travaillèrent ensemble pendant quelque temps, puis elles se brouillèrent. Elles restèrent une année sans se parler – jusqu'à ce que les circonstances les réunissent pour quelques minutes. Ce fut un moment très bref, mais elles se réconcilièrent véritablement. Peu de temps après cela, l'une d'elles fut soudain gravement malade. Tandis que nous attendions le diagnostic, j'appelai l'autre amie. Après avoir dit que nous ne savons jamais ce qui arrivera, elle parla avec gratitude de leur réconciliation. «Je suis tellement heureuse que nous ayons pu passer ce moment ensemble», dit-elle. Puis évoquant une autre situation dans laquelle elle avait récemment passé l'éponge sur un ancien conflit personnel, elle dit avec joie : «Je me suis bien réconciliée !» J'ai aimé ce commentaire. Etant donné que nous ne savons pas ce qui peut nous arriver, à tout moment, c'est un très grand soulagement que de se «réconcilier», au lieu de traîner tout un capital de ressentiments, de contrariétés, et de sentiments refoulés.

Se fondant en partie sur le principe selon lequel nous ne pouvons pas savoir réellement si nous nous reverrons, des communautés monastiques asiatiques ont un rituel formel de pardon, pour les adieux. Quand U Pandita vint enseigner pour la première fois à l'Insight Meditation Society, c'était la première fois qu'il travaillait avec des Occidentaux. Ce fut un cours de pratique très intense. Il fut pour la plupart d'entre nous très profitable de travailler avec lui, mais il y eut aussi quelques incompréhensions culturelles. Lorsque U Pandita fut sur le point de quitter l'IMS, lors de la cérémonie de clôture de la retraite, il dit : «Si je vous ai blessé ou troublé de quelque façon, soit intentionnellement, soit malgré moi, je vous en demande pardon. Et si vous m'avez blessé ou troublé de quelque façon, soit intentionnellement, soit malgré vous, je vous pardonne.» C'est ainsi que nous pûmes partir, sans emporter dans notre bagage des définitions établies de personne, fondées sur le passé. Personne ne sera épinglé dans l'esprit d'un autre comme «celui qui disait des choses inappropriées», ou «celui qui ne voulait suivre aucune directive». Et chacun pouvait être libre de tout ressentiment, ou de mauvais sentiments, qu'un autre eût pu concevoir à son égard. U Pandita fit cela, non pas parce que les choses se passèrent mal au cours de la retraite, mais parce que cette façon de faire ses adieux est considérée comme la façon correcte. Elle reflète l'importance de «lâcher prise» aux expériences passées, de façon que nous n'emportions pas avec nous des impressions mutuelles «codifiées».

En fait, quand je revis U Pandita, six mois plus tard, je me sentais très différente, et il me sembla aussi très différent. Nos relations antérieures avaient été excellentes, mais j'eus l'impression que notre relation recommençait, et la fraîcheur de ce recommencement était quelque chose de merveilleux. Parce qu'il avait accompli ce rite six mois auparavant, nous étions capables de nous considérer l'un l'autre sans référence à nos expériences passées, bonnes ou mauvaises. Ce genre de pardon crée la possibilité de revoir quelqu'un que nous avons connu, et d'être ensemble avec un cœur ouvert. Et si nous ne nous rencontrons pas à nouveau, nous sommes néanmoins libérés de toute complication chronique. Nous serons «réconciliés».

Porter rancune peut sembler être une manière de sécurité : «Je sais qui je suis. Je suis celui a été blessé par telle personne, et je lui en voudrai toujours.» Mais ce sentiment de sécurité est faux ; il n'inclut pas la connaissance certaine de notre propre mort, et de la mort de cette personne. Quand la mort fait son entrée, nous avons des regrets amers quant aux choses qui resteront tues à jamais, et aux sentiments qui ne seront jamais communiqués. Le moment de la réconciliation, c'est maintenant. Après, il ne reste plus assez de temps – et le futur est incertain. Toute autre vision de la réalité est une construction du mental, car il refuse de croire que nous devons, un jour, mourir.

Tout adieu que nous disons dans notre vie est vraiment un lâcher prise dans l'inconnu. Et ainsi, dans chaque départ, il y a une chance d'être réconcilié, de se libérer des états mentaux négatifs, et d'offrir aux autres cette libération.

L' Erreur

IL Y A QUELQUES ANNÉES, à Tucson, en Arizona, le Dalaï Lama fit une série de causeries d'une semaine, sur la patience. Plus de mille deux cents personnes y assistaient. Nous étions tous dans un hôtel à l'extérieur de la ville, transformant cette unité commerciale en centre de retraite. Chaque matin et chaque après-midi, le Dalaï Lama délivrait son enseignement, et, chaque soir, nous, les instructeurs bouddhistes occidentaux, parlions d'un aspect particulier de la patience. Sylvia Boorstein et moi, avons été les premiers instructeurs occidentaux à parler. Je dois reconnaître que j'ai eu quelque anxiété à parler devant une aussi nombreuse assistance, mais je voulais faire en sorte de «toucher juste». Par bonheur, quelques soirs plus tard, le Dalaï Lama, merveilleux comme à l'habitude, nous délivra un enseignement profond au sujet de ce qu'est vraiment «toucher juste».

Il expliquait un chapitre du *Guide du Bodhisattva*, de Shantideva, un texte du XVIIIè s. décrivant exhaustivement la voie de l'illumination. Ligne par ligne, le Dalaï Lama présentait son commentaire en Tibétain, et, pendant qu'il était traduit, il examinait les lignes suivantes, dont il parlerait à la suite. L'anglais du Dalaï Lama est très bon, et, à un certain moment, ayant entendu la traduction, il se reporta à son manuscrit, et dit au traducteur : «Vous vous êtes trompé. Ce n'est pas ce que j'ai dit.» Le désaccord avait trait à la syntaxe – il s'agissait de savoir si Shantideva, dans son étude sur la patience, avait dit : «Elle lui dit (à lui) cela», ou «Il lui dit (à elle) cela». Le traducteur répondit : «Non, Votre Sainteté, je n'ai pas commis d'erreur. Le texte dit bien 'Il lui dit (à elle) cela'. Le Dalaï Lama répliqua : 'Non, il dit : Elle lui dit (à lui) cela'.»

Le traducteur marqua encore son désaccord, et la discussion se poursuivit encore un petit moment : «Il lui a dit cela» ; «non, elle lui a dit cela» ; et ainsi de suite. Alors, le Dalaï Lama tourna les pages jusqu'à ce qu'il arrivât au passage disputé. Il le consulta, puis éclata de rire, disant joyeusement : «Hah ! Hah ! Hah ! Je me suis trompé !»

Ainsi, ayant reconnu qu'il avait commis une erreur devant mille deux cents personnes, il riait à gorge déployée devant mille deux cents personnes à ce sujet. Je doute que j'eusse été capable de rire si librement si j'avais commis une erreur en m'adressant à mille deux cents personnes, quelques soirs plus tôt. C'était un merveilleux exemple de cœur non bridé, de l'ébullition naturelle qui se produit quand nous ne défendons pas de concept au sujet de qui nous sommes.

Quand nous essayons de projeter une certaine image, ou d'être quelqu'un de spécial, ou d'être parfait et de ne jamais commettre d'erreur, il y a un raidissement du cœur. Quand nous détendons notre cœur, n'essayant pas «d'être» spéciaux, nous pouvons être ce que nous sommes réellement, avec honnêteté, avec perspective, et avec compassion. Ces qualités sont la condition de la libération, quoi qu'il arrive. Et quand nous sommes pleinement libres, nous sommes, comme le Dalaï Lama, capables de rire quand nous faisons une erreur.

Avide, Renfrogné, Somnolent, Anxieux, et/ou Sceptique

UNE FEMME SORTIT de son appartement pour aller travailler. Elle marcha dans la rue, et sortit les clefs de sa voiture. Comme elle mettait la clef dans la serrure de la portière, elle s'aperçut que la voiture était plus basse qu'à l'habitude. Quand elle dirigea son regard vers le bas, elle fut saisie en s'apercevant que ses quatre pneus avaient été volés ! Sa réaction immédiate, ce fut d'aller au centre commercial le plus proche, pour s'acheter une paire de pyjamas en soie, pour se consoler. Ce n'est qu'alors qu'elle put retourner chez elle pour appeler la police.

Mon amie Sylvia Boorstein, qui est aussi instructrice de méditation, se sert de cette histoire pour décrire les Cinq Obstacles. Dans les enseignements bouddhistes classiques, les cinq empêchements sont le désir, l'aversion, la paresse, l'agitation, et le doute. Ce sont les états d'esprit qui nous distraient de la méditation, mais ce sont aussi des états mentaux qui nous empêchent d'être attentifs à ce qui arrive à tout moment. Quand nous sommes perdus dans l'un de ces états mentaux, notre sentiment de ce qui est possible est limité. Notre esprit ne peut opérer d'une façon ouverte et libre. En outre, chacun a tendance à réagir aux circonstances, selon, de façon prédominante, l'une de ces cinq façons.

Dans l'histoire des pneus volés, la réaction de la personne à la situation, est un exemple parfait de l'état d'esprit de quelqu'un qui est perdu dans l'obstacle du désir. Or, imaginons qu'il s'agisse de quelqu'un chez qui la tendance à la colère soit plus forte que le désir. Elle descend, introduit la clef dans la serrure, et s'aperçoit que ses pneus ont été volés. Elle se met en fureur, et frappe la voiture. Elle lui donne des coups de pied, puis va voir le responsable du parking, et lui crie : «Pourquoi n'avez-vous pas exercé une meilleure surveillance ?» Quand elle va au travail, elle est en colère, et fait grise mine à ses collègues. Après tout, il lui semble naturel que son problème soit propagé.

Maintenant, le cas de la personne paresseuse. Elle va vers sa voiture, et découvre que ses pneus sont été volés. Alors, elle retourne à son appartement, appelle à son travail, et dit : «Je ne pourrai pas tenir le coup ; ça m'a vidée ; je viendrai demain.» Elle fait un petit somme, et ce n'est qu'après qu'elle se sent assez d'énergie pour faire face à la situation.

Puis, le cas de la personne encline à se perdre dans l'obstacle de l'agitation. Parce que l'agitation se manifeste souvent comme inquiétude, l'un des aspects de cet empêchement, est l'anxiété. Quand une personne de ce type découvre que ses pneus ont été volés, elle commence à se faire du mauvais sang. Elle se dit : «Aujourd'hui, ce sont les pneus ; demain, ce sera la voiture ; et après, ce sera moi.»

Enfin, il y a l'obstacle du «doute», qui se manifeste en nous par le fait «d'être embourbé». Quand nous sommes perdus dans le doute, nous ne savons que faire. Notre énergie et notre conscience se fissurent. Tout semble fragmenté, et le mental se met à tournoyer, échappant à tout contrôle, sautant d'une chose à une autre. Dans notre exemple, le vol de pneus, l'état d'esprit sera vraisemblablement le doute de soi, le blâme que l'on s'adresse à soi-même. La femme voit que ses pneus ont été volés, mais elle se contente de rester interdite, se disant : «Pourquoi fais-je toujours de si mauvais choix ? Pourquoi me garé-je ici ? Pourquoi habité-je dans un environnement aussi mauvais ? Tout cela est ma faute.» Ne sachant pas quoi faire, si ce n'est se blâmer, elle se sent confuse et incertaine, et ne peut entreprendre aucune action constructive pour améliorer la situation.

On pourrait appeler cette histoire «Le Conte de l'Avide, de la Grincheuse, de l'Endormie, de l'Anxieuse, ou de la Sceptique.» Cependant, quelque nombreux que soient les obstacles qui apparaissent dans le mental, quelque intense qu'ils soient, il ne convient pas de les juger, ou de nous juger nous-mêmes, pour leur présence. La sagesse, obtenue grâce à l'attention consciente, nous montre que ce ne sont que des états mentaux passagers. Nous les voyons clairement, et avec un sentiment de «spaciosité». Alors, nous ne sommes pas contraints d'agir d'une façon particulière, sous le contrôle de cet état d'esprit.

Donc, ici, nous sommes le matin, et nous venons de nous apercevoir que les pneus de notre voiture ont été volés. Nous pouvons avoir le besoin urgent d'aller acheter des pyjamas en soie ; ou nous pouvons blâmer tous les gens qui sont à portée, pour les ennuis que nous avons subis ; ou nous pouvons aller faire un somme ; ou faire proliférer nos soucis, par notre profonde anxiété ; ou tomber dans l'incertitude et le doute. L'une – ou plusieurs – de ces tendances se manifestera sûrement, mais si nous nous en sommes conscients, au lieu de nous laisser diriger par elles, notre esprit s'élargira. Dans cette expansion, nous avons la liberté de choisir notre réponse à n'importe quelle situation.

Le Milieu de la Voie du Milieu

Les enseignements du Bouddha sont appelés la Voie du Milieu, ou le Chemin du Milieu, parce qu'ils évitent les extrêmes – d'une part, l'excès des sens, d'autre part, l'ascétisme et la mortification excessifs. La vie du Bouddha avant son illumination, telle qu'elle est contée, illustre ces deux extrêmes. Quand il était encore le prince Siddhartha, il vivait entouré par le chatoiement des plaisirs des sens. Il est dit que ses parents avaient tellement le souci de le garder de tout malheur, qu'ils employaient des équipes de jardiniers qui travaillaient toute la nuit, afin d'arracher toute fleur fanée, de sorte que le prince ne soit pas troublé par la vision de quelque chose d'imparfait.

Et quand Siddhartha fut finalement témoin de la souffrance du monde, il se sentit poussé à chercher la vérité. Il commença par suivre une voie d'automortification, six années durant. Il mena une vie de renoncement et d'ascétisme extrêmes. A cette époque, en Inde, l'ascétisme était en vogue ; ils s'agissait de libérer l'esprit, par la restriction du corps, du monde conditionné. Mais le Bouddha, au bout de ces années d'ascétisme intense, réalisa que ni les excès de plaisirs sensuels, ni les excès de privation, ne conduisaient à la libération véritable.

Le monde des sens est enivrant mais creux, et il met autour de nous une brume qui nous empêche de voir quelque chose de plus profond. En outre, quand nous sommes intoxiqués par les plaisirs sensuels, la souffrance des autres menace le bien-être dans lequel nous nous complaisons, qui accompagne notre sybaritisme. Ainsi, nous tendons à détourner notre regard de la souffrance des autres, et à recouvrir soigneusement notre propre souffrance intérieure. Et de la sorte, nous finissons par vivre isolés de la plénitude de la vie.

De même, la voie de l'automortification et de l'ascétisme ne fait que renforcer les sentiments de dépréciation de soi, et de haine de soi, qui nous tiennent séparés de l'amour qui est au cœur de la transformation spirituelle. De nos jours, nous ne sommes guère enclins à devenir des ascètes et à pratiquer des mortifications, mais nous continuons à mésuser du corps, et à l'humilier, pour trouver le bonheur, comme on le voit dans les épidémies de gloutonnerie qui ravagent notre société. Une autre forme de mortification, plus secrète, consiste à entretenir des relations tourmentées avec notre esprit, comme si la force blessante du jugement de soi, et de la haine de soi, pouvait de quelque façon nous libérer.

Suivre la Voie Moyenne entre ces extrêmes, ne signifie pas prendre un peu de complaisance, un peu de mortification, et les mélanger. Cela ne revient pas à se dire : «Bien, je viens de passer quelques jours dans les plaisirs des sens ; il est peut-être temps de me livrer à un peu de mortification. Si je passe autant de jours à me mortifier, l'équilibre sera sauvegardé.» La Voie du Milieu ne consiste pas non plus à être médiocre, à trouver le plus petit commun dénominateur de ces deux extrêmes, la complaisance et la mortification, et se contenter d'être indolent. Il s'agit plutôt de voir la tension et le manque de bonheur de chaque extrême, et d'arriver en un lieu totalement différent, qui ne tombe dans aucune de ces deux catégories. Nous ne sommes pas attirés par ces deux extrêmes. La Voie Moyenne est un équilibre d'intégrité morale, de concentration, et de vision claire. Nous trouvons la Voie du Milieu, le lieu de l'équilibre, à partir d'une complète révision des idées que nous entretenons à notre sujet, sur ce dont nous sommes capables, et sur l'endroit où l'on peut trouver le bonheur. Et nous décidons de la suivre par amour pour nous-mêmes, et pour les autres, amour né de la reconnaissance joyeuse de notre potentialité à nous libérer, et à en faire profiter le monde. Comprenant où se trouve le vrai bonheur, nous nous donnons ce dont nous avons besoin, et nous sommes vigilants quant à ce dont nous n'avons pas besoin.

Parcourir la Voie Moyenne est un processus de découverte continuelle, à tout moment. Nous ne pouvons nous contenter du parcours de la Voie Moyenne qu'accomplit le Bouddha il y a vingt-cinq siècles, ni même de la découverte encore fraîche que nous en avons faite. Ouverts, et vulnérables, et vivants, nous devons la réaliser, encore et encore, à tout moment. Par attention et compassion pour nous-mêmes et les autres, nous découvrons en nous le lieu qui est l'expression de l'esprit libéré. Ainsi, la Voie Moyenne est à la fois la voie et la manifestation de la liberté.

Parce que nous la rencontrons chaque jour d'innombrables fois, et de façons très variées, la Voie Moyenne peut être vue comme fractale, comme une forme géométrique irrégulière qui se reproduit sous des formes semblables, selon des dimensions très diverses. Dans la nature, par exemple, souvent une petite portion de quelque chose apparaît sur une échelle réduite, comme une réplique de l'ensemble. Les lignes côtières sont irrégulières et découpées, qu'elles soient vues d'un satellite, d'un avion, ou d'une hauteur qui les surplombe. La feuille d'une fougère, tout entière, ressemble à un agrandissement de l'une de ses parties. Les montagnes ont les mêmes formes irrégulières, qu'on les voie de loin ou de près. Même le vaste système solaire ressemble à un atome énormément grossi.

Chaque moment d'équilibre entre les extrêmes que sont la complaisance et la mortification, est une réplique parfaite de la grande Voie Moyenne à la libération. Chaque moment d'équilibre est une articulation de tout le chemin dans sa totalité. La libération est non seulement le but de la voie, mais elle se trouve aussi dans son processus de déploiement continuel. Sur la Voie Moyenne, nous trouvons la liberté, non pas seulement comme fin du voyage, mais au milieu, et au milieu du milieu, et au milieu du milieu du milieu. Chaque pas sur le chemin de la liberté est liberté.

Prières au Mur Ouest

LE MUR OUEST DE JÉRUSALEM est appelé Mur des Lamentations ; les juifs le considèrent comme un endroit «saint». C'est le vestige d'un mur de soutènement du temple bâti au IIè siècle avant Jésus-Christ. Une vieille superstition consiste à écrire une prière sur un bout de papier, et à placer celui-ci dans une fissure du mur. Quand j'étais à Jérusalem, je suis allée placer là mon bout de papier, comme les autres juifs.

J'ai observé cette coutume, mais de façon qu'elle ait pour moi un sens, c'est-à-dire sans m'adresser à un être suprême, ni utiliser une tonne de supplications, mais dans l'esprit de *metta*, la pratique de la sollicitude aimante. *Metta* signifie faire pencher son cœur vers le bonheur et l'intégrité de tous les êtres, et diriger le pouvoir de notre intention dans la réalisation de ce dessein. Aussi, sur mon morceau de papier, j'ai écrit ma prière pour mes amis malades, mes amis dont les parents étaient mourants, etc, et je l'ai mis avec les autres dans l'une des fissures du mur.

Le lendemain, quand je revins à ce mur, je remarquai que mon papier était encore là, ce qui était étonnant, vu que des centaines de personnes y glissent leur prière chaque jour. J'ai trouvé que c'était un bon présage que mon papier ne soit pas tombé ou n'ait pas été jeté par terre.

J'y suis encore revenue le jour suivant. Cette fois, je n'étais pas très sûre d'avoir reconnu mon petit morceau de papier jaune, contenant mes souhaits de bonheur et de bien-être pour mes amis, et j'en fus quelque peu découragée.

Quand je vins le quatrième jour, je fus encore plus bouleversée, parce que, cette fois, il était sûr que je ne pouvais plus distinguer mon petit morceau de papier des autres. Etait-il resté, ou était-il tombé ?

Le cinquième jour, quand je revins encore, inquiète encore pour mon bout de papier, je sus que c'était sans espoir. Le mur était recouvert de milliers de morceaux de papier. Je ne saurais jamais ce qu'il est advenu du mien.

Puis, soudainement, j'ai réalisé combien ma fixation sur ma prière particulière était insensée. Il n'importait pas que je pusse distinguer ma prière de toutes les autres. Chaque prière, d'une certaine façon, faisait écho à la prière des autres. Chacun d'entre nous, qui étions allés à ce mur, avait exprimé sa propre version du désir universel, primal, de bonheur pour ceux qu'on aime. Nous disions tous en fait la même chose. Il n'importait plus que je contemplasse mon papier, ou celui d'un autre. Mon souhait se reflétait dans leurs prières, comme leurs prières se reflétaient dans la mienne.

Peu importe la façon dont nous prions, et la langue que nous utilisons ; peu importe la religion que nous pratiquons, si nous en pratiquons une ; peu importe le pays d'où nous venons – tous, fondamentalement, nous voulons la même chose : être heureux, être en sécurité, être libres. Ce jour-là, devant le Mur Ouest, le cri universel de tous les êtres voulant être heureux, y compris moi-même, s'éleva d'une seule voix.

Quelque chose et Rien

«POURQUOI Y A-T-IL QUELQUE CHOSE, alors qu'il pourrait ne rien y avoir ?» Une amie me dit un jour que c'est la question centrale qui sous-tend les ouvrages philosophiques de Wittgenstein. Plus tard, alors que je discutais de cette idée avec une autre amie, celle-ci dit : «Mais, en tant qu'adeptes du bouddhisme, nous pouvons demander aussi : 'Pourquoi n'y a-t-il rien, quand il pourrait y avoir quelque chose ?' « Vraiment, pensai-je, pourquoi n'y a-t-il rien de durable, rien de substantiel, alors qu'il semble qu'il devrait y avoir *quelque chose*? Comment tout ce monde peut-il apparaître, bien qu'il n'y ait rien sur quoi reposer ? Comment l'univers entier peut-il apparaître, pour seulement s'évanouir au moment suivant ?

Une grande partie de notre souffrance personnelle est causée par la chute dans l'une des deux visions extrêmes de la réalité – celle selon laquelle toutes choses existent, celle selon laquelle rien n'existe. Selon la première opinion, nous pensons qu'il doit y avoir quelque chose de sûr et de substantiel que l'on puisse trouver quelque part dans le monde. Il doit y avoir quelque chose de durable, que nous puissions voir, entendre, sentir, toucher, goûter, ou connaître. Tout a alors beaucoup d'importance, parce que nous berçons continuellement l'espoir que quelque part, il y a une sécurité parfaite et un bonheur immuable, et nous le cherchons continuellement, pour notre seule déception. Quand nous sommes pris ou perdus dans cette vision, nous nous agrippons et nous attachons à un monde de changement et d'apparences, et nous souffrons.

Selon l'autre opinion extrême, rien n'a d'importance. Tout est une sorte de vide, et nous vivons dans un chaos hasardeux, sans espoir. Cette vision nihiliste mène à la paralysie. C'est selon cette «vision du monde» que l'on dit : « Etant donné que tout est vide et non substantiel, quelle importance peut bien avoir n'importe quelle chose ? Pourquoi faire quelque chose ? » Nous tombons dans l'apathie et la déconnexion, et nous souffrons.

La Voie Moyenne du Bouddha évite les deux opinions extrêmes. Les choses ne sont pas permanentes de façon inhérente, et la vacuité n'est pas la seule expression de la réalité. Nos vies se trouvent en ce lieu très subtil où toutes choses naissent, mais ce lieu est sans substance. La réalité est miroitante, translucide, et vitale ; et cependant, elle n'est pas substantielle ; elle est fluctuante, évanescente. Il est essentiel que nous comprenions que si tout ce qui apparaît est dépourvu de substance, il est cependant pourvu de causalité. Parce qu'il est difficile d'exprimer ce paradoxe, le Bouddha se servait souvent d'images pour décrire la nature de l'existence. Il disait que la vie était comme un arc-en-ciel, un écho, un rêve, comme une goutte de rosée sur une feuille d'herbe, comme un éclair dans un ciel estival.

Par la vision profonde, nous parvenons à voir à la fois le «quelque chose» et le «rien» de l'existence. Nous voyons que tout ce qui peut être connu avec ce corps ou ce mental, connu par les sens, est évanescent et sans substance, comme un arc-en-ciel. Nous voyons aussi que notre expérience apparaît et passe, en accord avec les lois de la nature, comme avec la loi du karma. Nous voyons que nous ne vivons pas dans un univers accidentel, hasardeux. Il y a dans le monde conditionnalité, interconnexion, et relation.

Quand nous percevons la transparence, la non-substantialité de la vie, nous grandissons en sagesse. Quand nous percevons le relationnel dans la vie, l'interconnexion, nous croissons en amour. L'un n'exclut jamais l'autre. Ce sont au contraire les deux ailes d'un oiseau. Ainsi que l'écrit le poète Issa,

> Le monde de la rosée
> n'est que le monde de la rosée -
> et pourtant

C'est ce «et pourtant» que nous portons dans nos cœurs, où le paradoxe apparent s'apaise.

Préceptes pour gens intelligents

AU COURS D'UNE DISCUSSION entre amis, il fut fait mention d'une série de manuels pour le maniement des ordinateurs, dont les titres étaient du genre *Microsoft Word pour Nuls*, ou *Windows pour Nuls.* Il dit qu'il avait entendu dire que quelqu'un préparait un livre qui porterait le titre de *Sexe pour Nuls*. Quelqu'un répartit que *Sexe pour Nuls* était trop facile. Le livre dont nous avons besoin est *Sexe pour Gens Intelligents.* Ou plutôt, le livre dont nous avons vraiment besoin devrait s'intituler *Sexe Intelligent pour Tout le Monde.*

Nous pouvons probablement tous évoquer des actions que nous avons accomplies, et qui pourraient parfaitement être citées dans des livres consacrés aux actes nocifs et à la création de la souffrance. La question que nous avons besoin de poser est celle-ci : Comment pouvons-nous éviter ce genre d'acte, et vivre intelligemment ? Quand nous avons acquis une claire compréhension, nous nous apercevons que la découverte du vrai bonheur relèverait plutôt des livres «intelligents» : *Sexe Intelligent pour Tout le Monde*, *Communication Intelligente pour Tout le Monde*, *L'Intelligence de S'aimer Soi-Même pour Tout le Monde*, ou *La Sagesse d'Etre Attentif aux Autres, pour Tout le Monde*. En réalité, les anciens préceptes bouddhistes vieux de vingt-cinq siècles, peuvent être considérés comme la base d'une telle série de livres possibles.

Pour les «laïques», seulement cinq préceptes sont traditionnellement enseignés. Le premier, c'est de s'abstenir de tuer aucun être vivant. Fondé sur notre connexion avec tous les êtres, ce précepte nous fait acquérir du respect pour la totalité de la vie. Le précepte suivant, consiste à s'abstenir de voler ou de prendre quelque chose qui n'a pas été offert. Le troisième précepte, s'abstenir d'une mauvaise conduite en matière de sexualité, signifie qu'il faut s'abstenir d'utiliser notre énergie sexuelle d'une façon qui soit nocive pour nous et les autres. Le quatrième, s'abstenir de tenir des propos inappropriés, reconnaît le pouvoir et l'impact de la façon dont nous communiquons. Enfin, le dernier des cinq préceptes de base, c'est de s'abstenir de prendre des produits «intoxiquants», comme les drogues et l'alcool, qui troublent le mental et rendent inattentif, nous empêchant d'éprouver le rayonnement naturel de l'esprit.

Les préceptes fournissent essentiellement un cadre de référence pour la vie spirituelle. Ce ne sont pas des lois draconiennes. Les respecter permet de progresser. En étant attentifs à nos motivations et à nos actions, nous évitons de nous fabriquer une tension nullement nécessaire. Faisant cela, nous acquérons un esprit de contentement, et notre mental devient assez calme pour que nous puissions avoir une vision claire. Sans vie de moralité consciente, nous sommes privés de l'ingrédient nécessaire à notre travail intérieur. Nos intuitions les plus profondes dans le bonheur et la sollicitude aimante, ainsi que la vision de ce que nous sommes tous en relation réciproque, font apparaître une inclination naturelle – chercher à agir selon les préceptes.

Une fois, au cours d'une retraite, quelqu'un me demanda de parler des préceptes classiques. Quand j'eus fini, la personne qui avait fait la demande sembla très bouleversée. Elle me dit : «Mais tout cela n'est qu'une façon d'éviter la souffrance ! Cela doit signifier que nous avons peur de souffrir. Et cela semble aller contre le Bouddhisme.» Certainement, les préceptes sont une façon d'éviter la souffrance – en ne la créant pas. Faire cela, ce n'est nullement un acte de lâcheté. En ce monde où nous sommes tous interdépendants, les préceptes reconnaissent simplement que nos actions ont des conséquences. Ce n'est pas simplement un sentiment élégant ; c'est une loi de la nature. Et de même, dans notre vie, nous pouvons tout aussi bien choisir d'être un guerrier de la libération de la souffrance, plutôt que d'être un soldat pour la promotion d'une souffrance plus grande.

Et il faut vraiment le courage d'un guerrier pour sortir de la série des actions qui sont simplement conventionnelles, familières, ou faciles. *Sexe Inconscient*, *Action Irréfléchie*, pourraient être de très bons livres, et nous sommes probablement nombreux à être qualifiés pour en écrire au moins quelques chapitres. Mais quelles qu'aient pu être nos actions passées, à partir de maintenant, nous pouvons commencer à comprendre plus clairement, et ainsi à vivre d'une façon plus intelligente et plus fine. Avec une attention consciente à notre comportement, au lieu d'être conduits par de vieilles habitudes, nous pouvons choisir d'être attentifs à ce qui nous apporte réellement le bonheur, ainsi qu'à ce qui apporte le bonheur aux autres. Dans les domaines où nous avons été illusionnés, et où nous avons souffert et causé de la souffrance, nous pouvons choisir de devenir plus conscients. En recréant nos vies de cette façon, nous pouvons apporter de la tranquillité à notre esprit, et à tout notre mode de vie – de façon que les trésors véritables de l'esprit libéré puissent se révéler, brillant à travers nous.

Compassion Joyeuse

UN ÉTÉ, j'ai assisté à un colloque entre bouddhistes et chrétiens, auquel le Dalaï Lama participait. Il y eut comme cérémonie inaugurale, la plantation d'un arbre par tous les frères du monastère qui accueillait. Je me suis retrouvée tout près du Dalaï Lama quand la cérémonie fut sur le point de commencer. Soudain, il remarqua, de l'autre côté de la cour, un frère très âgé dans une petite voiture. Interrompant la cérémonie, le Dalaï Lama s'écria : «Oh ! Il est vieux !», et, suivit par la sécurité et les caméramen, il traversa à toute vitesse la cour, pour embrasser le vieux moine. Ce qui m'a frappée, c'est le plaisir avec lequel le Dalaï Lama a crié : «Oh ! Il est vieux !» Ce n'était pas de la pitié ; c'était du plaisir. Sa Sainteté célébrait la longueur de la vie du vieux moine, et la joie qu'il ressentait à ce qu'il soit parmi nous.

Nous pensons souvent que la compassion naît du spectacle de la souffrance – et c'est certainement vrai. Mais il y a aussi une qualité de compassion, un sentiment de profonde connexion, qui naît du plaisir éprouvé. Quelqu'un demanda à Munindra pourquoi il pratiquait la méditation. Ses disciples se groupèrent autour de lui, espérant entendre une réponse élevée, sublime. Munindra répondit : «Je pratique la méditation pour remarquer les petites fleurs violettes qui poussent sur les bords des routes – autrement, il se pourrait que je ne les voie pas.» Quand nous commençons à remarquer les petites fleurs violettes, nous en venons à vouloir que d'autres les voient aussi, pour leur consolation et leur plaisir. Ce n'est pas de la pitié, mais le souhait compatissant de partager le plaisir.

Cette compassion joyeuse peut aussi provenir de notre délectation dans certains états d'esprit. Après avoir commencé à pratiquer la générosité et la sollicitude aimante, nous pouvons voir nos esprits s'ouvrir, et lâcher prise à des situations auxquelles on s'agripperait d'habitude, par peur de perdre quelque chose de précieux, ou par doute d'obtenir un jour ce qu'on veut. Dans la pratique de la méditation, nous nous réjouissons activement et même passionnément dans ces ouvertures, et dans les réalisations qui nous viennent. Cette réjouissance n'est pas caractérisée par l'attachement, parce que nous savons que ces expériences, de par leur nature même, changeront. Elle est au contraire caractérisée par la gratitude pour la capacité qu'a un être humain de s'ouvrir, d'aimer, de compatir, de voir la vérité, de se connecter. Quand nous reconnaissons que tous les êtres ont cette capacité, la compassion joyeuse s'éveille en nous, avec le souhait que les autres soient capables de s'ouvrir, de compatir, et de se connecter, au lieu de rester seuls et effrayés.

Un point important dont il faut se souvenir, c'est que ce souhait compatissant ne vient pas d'une perspective pharisaïque, ou d'un désir de prosélytisme. Il vient de la vision du désir du grand nombre d'être heureux, et du fait que bien peu de gens le sont. Le sentiment de compassion croît en nous quand nous savons que l'énergie d'amour est disponible tout alentour, et que cependant tant de gens sont solitaires. La compassion vient quand on remarque la beauté des fleurs violettes qui poussent sur les bas-côtés, et quand on voit qu'elles sont cependant ignorées. Elle vient quand on remarque que les hommes sages, les hommes d'expérience, sont nombreux parmi nous, mais qu'ils passent largement inaperçus, qu'on ne les respecte pas. La compassion vient de la connaissance de la capacité merveilleuse du cœur humain à se connecter, et à souhaiter que nous soyons plus nombreux à nous sentir connectés les uns avec les autres.

La compassion née de la joie vient à nous, et à travers nous, comme une affirmation que tout le monde peut vivre une vie ayant un sens, une vie épanouissante. «Le bonheur est disponible...je vous en prie, servez-vous», dit Thich Nhat Hanh. Quand nous franchissons le seuil de la connaissance, et que nous trouvons le trésor du bonheur à portée de notre main, nous réalisons que nous voulons aider tous les êtres du monde à se joindre à nous.

La Chance de l'Emprisonnement

En 1989, Aung San Suu Kyi, chef du mouvement «pro-démocratique» en Birmanie, fut mise en maison d'arrêt pour ses activités politiques. Les enfants de Sun Kyi avaient 16 et 12 ans quand elle fut arrêtée, et elle ne put les revoir pendant des années. Elle ne revit son mari qu'au bout de deux ans. Alors qu'elle était encore incarcérée, elle reçut le Prix Nobel de la Paix, en 1991.

Décrivant son emprisonnement, Suu Kyi écrit : «Je refusai d'accepter quoi que ce soit de la part des militaires. Parfois, je n'avais pas assez d'argent pour manger. Je devins si faible, à cause de la malnutrition, que mes cheveux tombèrent, et que je ne pouvais me lever.» A ce moment, Aun San Suu Kyi s'adonna à la pratique de *metta*, ou sollicitude aimante. Et malgré la profondeur de ses souffrances, elle dit encore : «Quand j'ai comparé mes notes avec celles de mes collègues du mouvement pour la démocratie en Birmanie, qui ont subi de longues peines d'emprisonnement, nous avons trouvé que nous avons eu pour expérience commune une appréciation accrue de *metta*. Nous avons connu et ressenti les effets de metta, et l'incomplétude des natures qui manquent de *metta*.»

Je pense que le courage d'Aun San Suu Yi est extraordinaire. Etre séparée de sa famille, être exposée à la faim et à la peur, et cependant considérer toutes ces épreuves comme une occasion d'augmenter sa sollicitude aimante – c'est vraiment une attitude de guerrière ! Au cours de sa captivité, Suu Yi manqua de nourriture et d'argent, mais elle garda sa pratique spirituelle.

Nous pouvons penser que la situation de Suu Kyi est très éloignée de notre actuelle condition, mais d'une certaine façon, ses expériences peuvent être comprises par tous. J'ai parlé avec des gens emprisonnés par leur corps, qui souffraient de façon chronique. J'ai parlé avec des gens pris en otage dans une relation tyrannique, ou par un système hostile et sans compassion, qui exerçait sur eux son pouvoir. J'ai parlé avec des gens en Afrique du Sud du temps de l'Apartheid, qui m'étonnèrent en me questionnant sur l'efficacité de la sollicitude aimante face à la torture. J'ai connu beaucoup de gens qui étaient profondément et terriblement effrayés par quelque chose ou par quelqu'un. Et moi-même, je me suis sentie perdre tout contrôle sur ma vie, dans la salle d'attente d'un cabinet médical, voyant que la vie et la mort peuvent ne plus rien valoir, voyant qu'exister seulement dans un corps peut ressembler à une forme d'emprisonnement. Quelle que soit la situation particulière dans laquelle nous sommes, nous pouvons reconnaître qu'elle ressemble à une captivité.

Il est formidablement inspirant, pour moi, de voir quelqu'un qui se trouve dans une situation épouvantable, et qui reste cependant constant dans sa pratique spirituelle, accomplissant ce qu'il estime nécessaire d'accomplir. De voir le courage et la foi exprimés dans sa vie, me rappelle quel est l'objet fondamental de nos efforts de libération – nous souvenir du bien dont nous sommes capables, et le réaliser dans cette vie. Nous avons besoin de réaliser la grande force que nous avons en nous. Suu Kyi a dit : «La dimension spirituelle devient particulièrement importante dans un combat dans lequel les convictions profondes et la force de l'esprit sont les armes principales contre la répression armée».

Un an après la libération d'Aung San Suu Kyi de la maison d'arrêt, la dictature militaire, appelée par le sigle acronymique de SLORC, arrêta de nombreux membres de son parti politique. Devant sa maison, à Rangoon, Suu Kyi dit devant une foule de près de dix mille personnes, que son parti ne s'inclinerait pas devant le gouvernement militaire, mais poursuivrait son but, à savoir l'instauration de la démocratie en

Birmanie. Des rumeurs se répandirent bientôt sur l'intention du SLORC de l'arrêter à nouveau. Suu Yi y répondit ainsi : «Ce sera une occasion de renforcer ma vie spirituelle».

La menace de l'emprisonnement ne la fit pas renoncer à son action en faveur des autres, ou à son action en sa propre faveur. Au lieu d'abandonner, de quitter le pays, de se consacrer à sa famille, et d'avoir la certitude d'avoir assez à manger, elle resta sur place, disant : «Le SLORC ne comprend pas combien mes années de captivité m'ont aidée. Si je suis arrêtée, nous continuerons. Si je ne suis pas arrêtée, nous continuerons.» Aung San Suu Kyi reste essentiellement libre, même en prison. Elle sait, et nous devons le savoir aussi, eu égard aux conditions d'emprisonnement de notre vie, que : c'est de la vision de la liberté que nous avons besoin, en sorte que nous ne perdions pas de vue notre but spirituel quand nous sommes confrontés à notre propre situation, faisant tout ce que nous devons faire.

Le Cœur du Pardon

LORS D'UNE SESSION EN ISRAËL, je dirigeai une méditation sur le pardon. A la fin, l'un des participants vint me voir, pour me dire qu'il s'était senti soulagé par la pratique du pardon. Pendant tout le cours, j'avais remarqué qu'il changeait souvent de position pendant les périodes de méditation, et je m'étais demandé s'il avait des douleurs physiques qui l'empêchaient de rester longtemps dans la même position assise. En parlant avec moi, il me révéla qu'il était rescapé d'un «attentat», au cours duquel quelqu'un avait ouvert le feu avec un fusil de chasse, tirant au hasard. Il avait souvent mal, parce que des plombs de chevrotine lui étaient restés dans le corps. Avec une émotion profonde, il dit : «Je ne sais pas s'il est possible d'apprendre à pardonner. Cependant, je sais qu'il est possible, et en réalité essentiel, d'apprendre à cesser de haïr.»

En entendant cela, je me suis demandé si cesser de haïr et apprendre à pardonner n'étaient pas en réalité la même chose. Souvent, nous confondons le pardon avec l'oubli, ou l'excuse, ou le déni d'une terrible réalité. Cependant, pardonner n'est rien de cela. Pour la pratique de la méditation de pardon, nous disons : «De même que je souhaite être pardonné, je pardonne à ceux qui m'ont blessé ou qui m'ont nui.» Quand nous disons ces paroles, nous adoptons une attitude radicalement différente vis-à-vis de quiconque nous a fait du mal. Nous pouvons dire : «Je cesse de vous considérer uniquement comme celui qui a perpétré telle ou telle action». Mais ça ne signifie pas que nous excusons cette action, comme si nous disions : «C'est très bien d'avoir fait cela.» Nous nous souvenons encore clairement que c'est arrivé, et la douleur que cela a provoqué. Ou nous pouvons cesser de nous identifier nous-mêmes seulement comme des gens qui ont été blessés, et réaliser que nous sommes beaucoup plus vastes que cela. Ou encore nous pouvons comme cet Israëlien, comprendre que de prendre une attitude de haine nous détruit, et que si nous voulons vivre pleinement, nous devons apprendre à lâcher prise à la haine. Cesser de haïr laisse de la place à l'amour.

Nous avons presque tous vu cette fameuse photographie de la guerre du Vietnam, d'une petite fille brûlée par le napalm. Les Américains bombardaient son village, et elle fut enveloppée par les flammes. La petite fille, Kim Phuc, qui avait neuf ans à l'époque, survécut. Kim Phuc dit qu'elle peut pardonner, mais qu'elle ne peut oublier ce qui est arrivé. Elle fait encore de terribles cauchemars, et elle a encore, bien sûr, des cicatrices visibles. «Quand je vois cette photo, je ne peux comprendre comment on peut faire ça à des enfants, des innocents. Les enfants n'ont rien fait. Pourquoi doivent-ils souffrir ?» Les yeux brillant de larmes, elle dit encore : «Il y a eu la guerre, mais c'est du passé. Je veux dire au pilote : 'Nous devons nous aimer l'un l'autre.' Je peux pardonner.»

Des choses cruelles, horribles, arrivent dans le monde. C'est le comble de l'illusion que de les ignorer. La question est : comment réagissons-nous eu égard à ceux qui sont victimes de cruauté ? Le pardon, naturellement, n'a rien à voir avec la négation de notre souffrance ou notre colère – il consiste à nous ouvrir à quelque chose de plus grand. Quand nous faisons cela, nous découvrons le pouvoir autodestructeur de notre haine, et, en même temps, notre extraordinaire capacité d'amour. Que nous appelions ou non cela «pardon», reconnaître ce lieu de claire vision, d'ouverture du cœur, est un voyage héroïque.

Maha Ghosananda, qui est le Patriarche Suprême du Bouddhisme cambodgien, se trouvait en Thaïlande quand des massacres eurent lieu au Cambodge. Il était traducteur dans un temple, où l'un de mes amis faisait une retraite. Maha Ghosananda agrippa le bras de mon ami et proféra ces mots : «Les rues vont être inondées de sang». Malheureusement, il avait raison. Maha Ghosananda est l'un des rares moines cambodgiens qui survécut à ces événements.

En 1978, Maha Ghosananda accueillit la première vague de réfugiés cambodgiens dans les camps de Thaïlande, près de la frontière. Il leur rappela les paroles du Bouddha : «La haine ne mettra pas de terme à la haine. Seul l'amour peut faire cesser la haine.» Au cours des deux années qui suivirent, il s'employa à établir des temples bouddhistes dans tous les camps de réfugiés de la frontière thaï-cambodgienne.

Au cours d'une conférence donnée aux Etats-Unis en 1996, on lui demanda à plusieurs reprises de parler du travail qu'il avait accompli dans les camps, de ses buts, et de la méthode qu'il utilisait pour les mener à bien. Maha Ghosananda répondit tranquillement : «J'ai fait la paix avec moi-même... Quand vous faites la paix avec vous-même, vous faites la paix avec le monde.»

L'essence du pardon n'est peut-être que cela – faire la paix avec nous-mêmes. Nous faisons la paix avec l'outrage qu'on nous a fait, avec notre désespoir, notre colère, notre ressentiment. Car il semble que le pardon ait plus à faire avec nous qu'avec les autres. Une fois que nous avons fait la paix avec tous ces aspects douloureux de nous-mêmes, nous pouvons cesser de haïr, et nous pouvons permettre à l'amour de faire son entrée. «Quand vous faites la paix avec vous-même, vous faites la paix avec le monde.»

La Bénédiction de la Présence

QUAND LE DALAÏ LAMA quitta l'hôtel de Tucson, où il avait fait une conférence, le personnel au complet, des centaines de personnes, se rassemblèrent pour lui dire au revoir. La salle de réception était remplie de femmes de chambre, de cuisiniers, de jardiniers, et de membres du personnel de sécurité ; des gens de races, d'ethnies différentes, de tous âges, et, très vraisemblablement, de religions très diverses. La plupart d'entre eux ne se réclamaient aucunement du bouddhisme, ni ne considéraient le Dalaï Lama comme leur maître, mais chacun semblait trouver une manière de bénédiction, à être simplement avec lui.

Le Dalaï Lama marcha entre leurs rangs, saluant chacun, souriant, les regardant dans les yeux, les remerciant pour leurs services. Beaucoup pleuraient ; beaucoup le regardaient, complètement extatiques. A aucun moment, je n'ai eu l'impression que son attention ait été distraite, ou qu'il fût ailleurs. Sans exception, il était pleinement attentif à chaque personne qu'il rencontrait. L'effet de cette présence totale, sans réserve, était remarquable.

Etre dans la proximité du Dalaï Lama, et d'autres membres de la communauté des êtres qui se sont voués à la vérité, est une expérience qui apporte un grand sentiment de bénédiction. L'une des composantes principales du pouvoir de bénédiction de tels êtres, est que parfois, sans dire mot, ils nous rappellent ce dont nous sommes capables. Souvent, nous oublions ou ne pouvons imaginer la profondeur et la richesse de notre vie intérieure, de notre force intérieure. Nous reflétant dans ces êtres, nous retrouvons notre foi en nous-mêmes, allant au-delà de nos opinions conditionnées et limitées au sujet de nos propres capacités.

Leur être même nous dit sans relâche : «La liberté est possible. L'amour est possible. La compassion profonde est possible.» C'est comme s'il y avait un feu en eux, irradiant de possibilités, qui peuvent à leur tour allumer un feu en nous. Le désir pressant qui est en eux, d'être véritables, d'éveiller, de ne pas gaspiller leurs vies, fait naître de même en nous une qualité aussi «pressante». Leur aptitude à aimer nous pousse à être nous-mêmes des véhicules de l'amour. La profondeur de la paix qui est en eux, et leur inébranlable confiance en les enseignements, éveille en nous une paix et une confiance semblables.

Pour moi, être en présence de ces personnes, évoque un sentiment d'intemporalité. J'ai parfois l'impression que c'est comme se fondre dans un grand fleuve. Je pense aux femmes et aux hommes et aux enfants, qui pendant tant d'années, tant de siècles, ont parcouru un chemin spirituel, sont entrés dans l'inconnu, ont lâché prise à leurs tendances habituelles, ont défié les façons concentionnelles de penser, ont été au-delà du familier, et ont vu la vérité. Inspirés par eux, nous nous unissons au courage de tous ceux qui ont pris des risques, et se sont engagés dans la vérité. Etres humains, comme nous le sommes, ils provoquent en nous le souvenir de la possibilité de réaliser nos propres aspirations à la liberté.

Parcourant du regard la salle de réception de l'hôtel de Tucson, j'eus le souvenir d'une visite que j'avais faite dans l'ex-Union Soviétique, dans les années 80. A cette époque, la pratique religieuse n'était guère commune ; quand les jeunes mariés quittaient le bureau d'état-civil, ils allaient déposer une couronne de fleurs sur un monument national, comme par exemple le tombeau de Lénine. Il m'est arrivé de me trouver devant ce tombeau la plus grande partie de la journée, et à toute heure, je voyais de nombreux couples, la femme en robe de mariée, avec le voile, l'homme en costume de cérémonie, arriver l'un après l'autre, pour accomplir ce rite. En les contemplant, j'ai pensé qu'il y a peut-être quelque chose de pur, d'inviolé, en nous, qui recherche le sacré, qui cherche un moyen de consacrer nos vies, quelles que soient les circonstances.

Etre avec une personne totalement présente, profondément compatissante, est en soi une expérience de consécration. Cela honore notre potentialité supérieure à entrer dans le moment, à aimer sans exception, et à être libres. Dans la réception de cet hôtel de Tucson, la présence du Dalaï Lama «alluma» en moi la conscience de pouvoir être une personne plus compatissante et plus aimante. Nous pouvons tous refléter la capacité d'aimer, et la capacité d'être libres, des autres gens. C'est notre connexion intime avec le grand courant des êtres courageux qui ont trouvé une vérité plus profonde dans leur vie.

Etre Véridique

PARFOIS, dans le voyage spirituel que nous effectuons, nous jouons un rôle qui n'est pas naturel, essayant d'être quelqu'un que nous ne sommes pas, et de sentir des choses que nous ne sentons pas en réalité. Si nous chérissons l'idée d'être quelqu'un d'aimant et de compatissant, il peut être très difficile pour nous de reconnaître les moments où nous ne le sommes pas. Notre aspiration à être «quelqu'un de spirituel» peut souvent se heurter à la véracité envers nous-mêmes quant à ce que nous éprouvons. Penser que nous sommes seulement censés avoir des sentiments aimants et compatissants, peut être un obstacle terrible à la pratique spirituelle. Dans cet ordre d'idée, j'ai souvent dit que puisque le titre de mon premier livre était *Sollicitude Aimante*, le titre du deuxième, qui serait son «ombre», devrait être *La Tyrannie de la Sollicitude Aimante.*

Kamala Masters, une instructrice de méditation bouddhiste, faisait un jour du bateau au large de l'une des îles de l'Archipel d'Hawaii. Elle fut prise de mal de mer, et ses amis lui conseillèrent de plonger dans l'Océan, pour faire cesser sa nausée. N'ayant pas de bouée de sauvetage, Kamala répugnait à la faire, mais ses amis la persuadèrent de sauter, et certains d'entre eux sautèrent avec elle. Cela faisait quelques minutes qu'ils étaient dans l'eau, qu'un grain se produisit. Ceux qui étaient restés sur le bateau n'eurent pas le temps de plier la voile, ni de mettre le moteur en marche. Kamala vit, désemparée, le bateau s'éloigner.

Elle fut prise de panique, craignant de se noyer. Ses amis l'entourèrent, et connaissant l'importance qu'elle attachait aux enseignements du Bouddha, ils lui demandèrent : «Kamala, si ces instants sont tes derniers, que veux-tu juste maintenant ? Ne veux-tu pas plus d'amour dans ton cœur ? Ne veux-tu pas plus de compassion ? Que veux-tu réellement ?» Kamala avait consacré sa vie à l'enseignement du Bouddha, et dans ce très dur moment, elle avait une excellente occasion de manifester la profondeur de sa dévotion. Jouant son personnage d'instructrice, elle aurait pu répondre que, bien sûr, c'était l'amour et la compassion qu'elle souhaitait maintenant, alors qu'elle était peut-être dans ses derniers instants. Mais fondamentalement vouée à la vérité, Kamala réfléchit une seconde et, de tout son cœur, elle dit : «Ce que je veux maintenant, c'est le bateau !»

Parfois, quel que soit le degré de notre aspiration, tout ce que nous voulons réellement, c'est que le bateau revienne. Mais nous pouvons répugner à exprimer cette vérité, si nous ressentons le besoin de projeter une certaine image de nous-mêmes. «Kamala est un maître de méditation, aussi doit-il y avoir des pensées élevées dans son esprit.» Attachés à un rôle, nous pouvons être amenés à subir la domination de l'image que les autres attendent que l'on donne de nous-mêmes, qu'il s'agisse de relations immédiates, ou de figures mythiques, comme le Bouddha. Etre dirigés par les attentes des autres, voire ce que l'on imagine qu'elles sont, c'est comme se glisser dans un costume fait pour quelqu'un d'autre, seulement pour s'apercevoir que l'on ne peut plus respirer ni se mouvoir librement.

Si nous entrons dans cette «tyrannie de l'aspiration», il y a de grandes chances pour que nous mettions en branle une dynamique de résistance et de ressentiment vis-à-vis de nos états intérieurs de souffrance : «Je ne veux pas être comme ça. Je ne peux accepter cela. Cela ne doit pas être ainsi. Je suis sur un chemin spirituel, et j'aurais dû me débarrasser de cela depuis longtemps. Les personnes spirituelles ne ressentent jamais ce genre de chose.» Toute notre énergie est mobilisée dans ce combat, et il n'y a pas de possibilité d'aller au-delà. Cependant, quand nous nous ouvrons à notre souffrance, que nous sommes présents à elle, nous découvrons que nous avons réellement l'énergie de la dépasser.

Etre véridique envers ce qui arrive réellement dans notre mental, ne signifie pas que nous ne devions pas aspirer à agir avec amour et conscience. Notre vie entière peut être consacrée à cet effort. Mais l'enseignement du Bouddha sur l'Effort Juste se fonde sur la reconnaissance sans réserve de ce qui arrive à chaque instant. Si cette compréhension est absente, la base de notre action est l'esquive, et cela ne peut conduire qu'à plus de souffrance. Nous aurons alors beaucoup de difficulté à aller sincèrement dans un lieu d'amour et de compassion. En nous, persistera cette ombre gênante et inacceptable, quels que soient nos efforts pour l'ignorer.

La Fin de la Voie

EN INDE, il y a de nombreux maîtres et gurus, et voies spirituelles. C'est pour certains une cause de confusion ; cela intrigue d'autres gens. Quand j'étudiais à Bodh-Gaya avec Munindra, mes condisciples allaient parfois le voir, et disaient qu'ils aimeraient partir pour explorer une autre tradition religieuse, ou qu'ils voulaient rencontrer un autre maître. J'étais étonnée par l'ouverture dont Munindra faisait preuve. Il les encourageait à partir. Quand des témoins, surpris, lui demandaient pourquoi il agissait ainsi, il répondait tranquillement : «Le Dharma ne pâtit pas de la comparaison.»

La vérité est la vérité. Il n'est pas possible de la diviser en petits morceaux, et de se l'approprier, en en faisant un emblème de notre excellence personnelle. Nous souffrons de la comparaison ; pas le Dharma. Nous souffrons d'être propriétaires, eu égard à la vérité, de notre exclusivisme et de nous croire en compétition. Les enseignements ne sont pas quelque chose auquel on doive s'agripper, que l'on doive défendre, dont on doive prouver la supériorité. Nous n'avons pas besoin de nous y attacher, comme s'il s'agissait d'un produit que nous revendiquons comme «nôtre». Finalement, il n'y a que notre vie, et le choix que les enseignements présentent : la mener avec intelligence, ou rester dans l'ignorance. C'est l'essence de la pratique du Bouddha : la libération de nos cœurs de la souffrance, pas l'adoption d'une identification sectaire.

Les enseignements et la pratique, et l'exemple vivant du Bouddha, sont appelés *Bouddha-dharma*, la voie du Bouddha. L'étiquette «bouddhisme», comme doctrine ou système de croyances, est une innovation occidentale, et n'est pas vraiment adéquate. Suivre le Bouddhadharma ne signifie pas adopter un «isme», adhérer à un dogme, ou prendre une identité qui a pour effet que l'on se sente séparé ou à part. Ce n'est pas une question de croyance. Ce n'est pas simplement une voie à suivre dans les pas du Bouddha historique. C'est un moyen qui nous est donné, pour que nous reconnaissions notre sagesse innée, et notre compassion illimitée.

Quand il y a un attachement à un système de croyance, il y a un besoin de le défendre. Le Bouddha lui-même a refusé de s'engager dans le débat au sujet des dogmes religieux qui prévalaient à son époque. Il a dit : «Ce n'est pas moi qui discute avec le monde, c'est le monde qui discute avec moi.» Dans la richesse de sa réalisation et de sa compassion, il exhorta ses disciples à se départir de toute identification limitatrice – y compris avec sa propre voie. Il décrivit ses propres enseignements comme un radeau que nous utilisons pour traverser la rivière de la souffrance, jusqu'à ce que nous arrivions sur l'autre rive de l'apaisement. Une fois que nous y sommes, nous laissons partir le radeau. Nous n'en faisons pas un fardeau que nous emportons.

L'identification rigide avec un système de croyances provient en parie de l'incertitude et de la peur. Quand nous ne nous sentons pas reliés à un sens personnel de la vérité, nous nous sentons mal à l'aise, et nous sommes enclins à adopter des vues étroites. Si nous nous sentons illusionnés ou confus, nous prenons peur, et nous cherchons quelque chose à quoi s'accrocher, une quelconque sécurité. Telle est l'image du dogmatisme, du fanatisme, de la suffisance.

L' «orthodoxie» spirituelle née des vues sectaires provoque un immense sentiment de séparativité, de «nous» et d'«eux», «d'être meilleur que», qui se révèle en définitive être une prison édifiée par nous-mêmes, une cage décorée. En nous accrochant de la sorte aux opinions spirituelles, nous faisons du mystère et de la beauté de la spiritualité un objet d'exploitation, au lieu de les considérer comme la clef d'un amour immense.

Pour cesser de s'accrocher aux opinions, on doit d'abord reconnaître sans fard la peur qui a fait naître cette tendance. Quand nous faisons face à notre peur, nous pouvons en faire remonter l'origine à notre confusion intérieure. Quand, par la pratique, nous percevons la vérité de l'existence, et que nous voyons l'impermanence, la souffrance, et la vacuité du soi, nous ne ressentons plus le besoin de défendre un dogme ou de nous y accrocher. Nous pouvons librement demeurer dans la vérité. Notre cœur est touché par notre souffrance et celle des autres ; nous ne voulons pas cultiver de sentiment de séparation vis-à-vis de personne. Comme le disait Munindra : «Le Dharma ne souffre pas de la comparaison». Et nous n'avons pas non plus à en pâtir, parce que nous n'avons pas à revendiquer la propriété de la vérité. La vérité nous nourrira; nous n'avons pas besoin de la nourrir.

Le Bouddha Dharma présente une façon de vivre qui prouve sa propre validité, juste en la pratiquant. Ainsi, ce n'est pas une croyance que l'on doit défendre, mais un guide de transformation. Dans notre voyage personnel de découverte, nous voyons que l'attachement à la voie que nous parcourons n'est pas du tout l'affaire; c'est la vérité même qui est le dessein pour lequel nous suivons la voie. La fin de l'attachement illusionné à toute choses, y compris la voie, est la fin de la voie.

Responsabilité

JE SUIS NÉE JUIVE dans les années cinquante. Dans mon enfance, je n'ai cessé d'entendre parler de la Deuxième Guerre Mondiale. Les membres de ma famille parlaient souvent de survivants, de famine, de mort et de folie, de parents qui auraient été tués devant leurs enfants. Naturellement, la conversation portait toujours sur les «gens là-bas qui ont fait ça». Ce n'est que lorsque j'ai visité le «Musée de l'Holocauste», à Washington, DC, que j'en suis venue à une tout autre compréhension, inattendue.

J'ai été choquée par le musée, et il m'a été pénible de contempler les «horreurs» de cette époque, tandis que je visitais les diverses expositions. Je m'étais attendue à cette réaction de ma part. Ce à quoi je ne m'étais par attendue, c'est ma répugnance à regarder les expositions dans lesquelles on montrait la collusion des politiques d'immigration américaines et britanniques, avec le régime national-socialiste. Après tout, les juifs qui avaient pu émigrer n'avaient pas souffert. Je ne voulais pas croire que «l'Holocauste» eût quelque chose à voir avec mon propre «pays». Tout ce que les Etats-Unis ont fait dans l'histoire, ou font maintenant, il m'était beaucoup plus facile de penser «qu'ils l'avaient fait» du point de vue de «l'Holocauste». Je voulais penser que la responsabilité morale de «l'extermination» des populations visées n'avait rien à voir avec mon propre pays, rien à voir avec moi, rien à voir avec quiconque je connusse.

Mais ce n'est pas le cas. Ce jour, au «Holocaust Museum», je dus reconnaître que je vis dans un pays qui a contribué à l'Holocauste. J'ai réalisé la sottise de déclarer que quelqu'un est «l'autre». Les choses que nous faisons, ou que nous ne faisons pas, ne disparaissent pas purement et simplement, mais ont un écho dans le vaste réseau de notre interconnexion. Nous sommes tous reliés de façon complexe les uns aux autres, que nous le réalisions ou non. Il ne s'agit pas, par cette compréhension, de se charger d'un fardeau de culpabilité ; il s'agit de comprendre que tout ce que fait chacun d'entre nous, a de l'importance. Les actions que nous accomplissons dans notre vie quotidienne peuvent influer, non seulement sur nous-mêmes, mais aussi sur les autres.

Il y avait, inscrite sur les murs, une étrange citation, attribuée à un pasteur allemand, du nom de Martin Niemöller. Elle disait : «D'abord, ils sont venus pour les socialistes, mais je me suis tu, parce que je n'étais pas socialiste. Puis ils sont venus pour les syndicalistes, mais je n'ai rien dit, parce que je n'étais pas syndicaliste. Puis ils sont venus pour les juifs, mais je n'ai rien dit, parce que je ne suis pas juif. Et puis ils sont venus pour moi, et il ne restait plus personne pour me défendre.»

Ce qui était si émouvant, et, paradoxalement, roboratif, quant à cette expérience, ce fut que lorsque je considérais «l'Holocauste» du point de vue de «ils» ont fait cela, j'étais persuadée qu'il n'y avait rien que je pusse faire pour «les» empêcher de recommencer. Mais quand j'ai réalisé que mes choix avaient une influence – parce que nous sommes interdépendants, et que chacun affecte les autres de quelque manière – j'ai réalisé le pouvoir qu'avait le fait d'assumer la responsabilité. La sagesse issue de la claire vision reconnaît que nous sommes tous connectés les uns aux autres, que nul n'est isolé, que ce que nous faisons agit sur l'ensemble. La comparaison transforme cette sagesse en motivation à agir au bénéfice des autres. Si nous prenons soin des autres, les autres prendront soin de nous, et «l'altérité» même disparaîtra.

Prêt à Mourir

AUNG SAN SUU KYI traversait un village avec quelques-uns de ses partisans, quand des soldats, descendant d'une jeep, s'accroupirent, la mirent en joue, prêts à tirer, sur ordre de leur officier. Suu Kyi fit un geste de la main pour écarter ses partisans, et marcha seule en direction des soldats. Elle dira plus tard : «Il semblait tellement plus simple de leur fournir une seule cible, au lieu d'exposer tout le monde.» Au dernier moment, un officier supérieur arriva sur les lieux, et révoqua l'ordre qui avait été donné.

Suu Kyi dit : «Je ne m'étais jamais considérée comme particulièrement intrépide.» Le courage, commenta-t-elle après, «vient de ce que l'on cultive l'habitude de refuser que la peur dicte ses actions.» En faisant face à sa peur, Suu Kyi fut capable d'agir selon ce qu'elle estimait être son devoir.

Aung San Suu Kyi, armée de la détermination à mettre un terme à l'oppression politique dans son pays, a sacrifié sa liberté et sa sécurité. Au cours de ses années de détention, les militaires lui offrirent de la libérer, mais à la condition qu'elle quitte la Birmanie et vive en exil. Elle a toujours refusé. Ses propres partisans furent nombreux à la pousser à partir et à continuer son travail pour la cause de la démocratie hors du pays, où elle serait en sécurité. Mais elle n'est pas partie. Dès qu'elle fut libérée, au bout de six années de détention, Suu Kyi dit, dans une interview : «Je savais que je n'étais pas sur le point de me rendre, mais il y avait toujours la possibilité que je meure avant qu'ils ne me relâchent.»

Il m'est arrivé une fois de diriger une retraite de méditation pour des travailleurs sociaux ; parmi eux, il y en avait certains qui avaient été S.D.F. avant de trouver ce travail. L'un des participants était un ancien drogué qui avait vécu des années durant de rapines. Nous l'avons interrogé sur la façon dont il abordait les gens qu'il avait l'intention de détrousser. Qu'avait-il en tête ? Avait-il une technique ? Il répondit : «Non, pas de technique, mais quand je me dirigeais vers les gens, je découvrais cet endroit en moi qui était totalement prêt à mourir, et moi, sans un mot, je manifestais cela. C'est ce qui intimidait les gens. Ma meilleure arme, c'est que je n'avais pas peur de mourir.»

Deux personnes, Aung San Suu Kyi et le voleur, s'étaient voués à leurs objectifs, bien que de façons radicalement différentes, et tous deux étaient prêts à mourir. L'ancien voleur dit qu'il n'avait pas peur de mourir, et que cela lui permettait de se mettre dans des situations dangereuses, et d'agresser les autres. Aung San Suu Kyi dit que même que si elle avait peur d'affronter ses adversaires, elle le faisait quand même – bien que cela eût pu signifier la mort – et que cela lui donnait la capacité d'être au service des autres. Tous deux manifestement sont allés au-delà de la peur, mais il y a une différence fondamentale dans la nature de leur intrépidité.

Nous pouvons imaginer que nous sommes sans peur, prêts à mourir, parce que nous sommes prisonniers d'un monde lugubre et désolé, coupés de nos sentiments, et nous bornant à survivre pour nous seuls. Ou bien nous pouvons être réellement intrépides et prêts à mourir, parce que nous avons découvert le sens le plus profond de ce que vivre signifie. Nous ne pouvons être véritablement intrépides que lorsque, avec un cœur «spacieux» et compatissant, nous sommes profondément en contact avec notre peur la plus intime ; quand nous en sommes conscients, que nous ne nous haïssons pas pour la peur que nous éprouvons, et que nous ne sommes pas dominés par elle. C'est le pouvoir particulier de l'attention consciente. Nos choix ne sont pas dictés par le sentiment de «n'être pas conscients de» – sentiment qui obscurcit notre vision de la vérité.

Engagée à apaiser la souffrance du monde, Aung San Sun Kyi a eu une vision claire de l'action à accomplir. Renforcée par l'attention consciente, elle est capable de dire : «La seule prison est la peur, et la seule liberté réelle, c'est d'être libéré de la peur.»

Pas à Pas

AU DÉBUT DES ANNÉES 80, Joseph Goldstein et moi, sommes allés enseigner au Zimbabwe. Nos disciples de ce pays nous emmenèrent aux Chutes Victoria. Un soir, Joseph et moi montâmes dans un petit bateau avec un guide, descendant le Zambèze, regardant le coucher du soleil, entendant la musique extraordinaire faite par les animaux sauvages sur la rive. C'était une scène d'une beauté extraordinaire. J'avais l'impression d'être revenue au commencement des temps, de me retrouver au milieu de la merveille de la création. Le monde et toute son agitation disparurent tout simplement.

Au bout d'un certain temps, Joseph demanda au guide s'il était possible de revenir au rivage et de faire une petite promenade tant qu'il faisait encore clair. La réponse du guide mit brutalement fin à ma fantaisie idyllique. Il dit : «Toute la rive est truffée de mines mises en place lors de la guerre civile. Beaucoup d'enfants qui ont vagabondé là sont morts ou ont perdu des membres. Régulièrement, des animaux sautent. Mieux vaut pas.» Vraiment, mieux ne valait pas. Tandis que nous descendions le Zambèze, mes perceptions commencèrent à changer, pour inclure l'horreur des dangers cachés là, au beau milieu du «paradis».

J'ai depuis appris que plus de cent millions de mines sont éparpillées dans quelque soixante pays. Longtemps après que les armées ont évacué les champs de bataille, et que les soulèvements politiques se sont apaisés, les mines toujours cachées continuent à moissonner des vies, sur une grande échelle. Les mines ne font pas de discrimination entre un ennemi qui s'approche, et un enfant qui joue, entre un intrus dangereux, et un touriste naïf faisant une promenade. Plus de mille personnes sont tuées par les mines chaque mois, et beaucoup plus sont blessées, et infirmes à vie. Enlever un champ de mines coûte, d'un point de vue financier, cent fois plus que le poser, et c'est une opération très dangereuse. En conséquence, les mines très souvent ne sont pas enlevées.

Une pétition internationale, émanant de la base, circule, recueillant des signatures, pour demander que tous les pays cessent de produire et d'utiliser des mines antipersonnelles. Chaque année, Maha Ghosananda, un moine cambodgien, «nominé» pour le Prix Nobel de la Paix, conduit des marches de la paix à travers le Cambodge, pour collecter des signatures pour l'interdiction. Après des années de massacres et de guerres civiles, le Cambodge est l'un des pays où il y a le plus de mines. Les champs de mines rendent près de la moitié de la campagne du Cambodge impossible à cultiver, et à utiliser, et le pays a le plus haut pourcentage du monde, de gens rendus infirmes par des explosions de mines. Le Cambodge a aussi fourni plus de signatures pour la pétition que n'importe quel autre pays. Souvent, les signatures sont une empreinte de pouce à l'encre rouge, parce que beaucoup de gens sont illettrés.

Maha Ghosananda, à chaque fois que la marche de la paix fait un arrêt, fait un discours sur «la nécessité d'ôter les mines de nos cœurs : avidité, haine, illusion, car elles sont les causes des mines qui sont dans le sol». Ces forces peuvent être cachées en notre sein, peut-être derrière une façade esthétisée de bien-être. Mais quand quelqu'un fait quelque chose que nous n'aimons pas, ou que certaines circonstances prévalent, elles explosent, nous blessant tragiquement, nous, et les autres.

Il est beaucoup plus facile de poser les mines dans le sol que de les en sortir, et il en va de même de nos habitudes cultivées inconsciemment. De même que les mines dans le sol sont la conséquence d'actions sans conscience, commises sans que l'on ait envisagé les conséquences à long terme, ainsi, dans notre vie quotidienne, nous nous livrons à des actes d'avidité, de haine, ou d'illusion, inconscients des conséquences à long terme.

Il faut un formidable courage pour s'éloigner de ces modèles d'action familiers, habituels, mais c'est possible. Je me sens encouragée quand j'entends ces paroles du Bouddha : «Si ce n'était pas possible, je ne vous demanderais pas de le faire.»

Etant donné l'omniprésence des mines au Cambodge, et les forces politiques qui y agissent, les marches de la paix, comme celle que conduit Ghosananda, ne sont pas sans danger pour les participants. En 1994, la marche fut prise entre deux feux, au milieu d'un affrontement entre soldats gouvernementaux, et soldats du «Kampuchea Démocratique». Un moine et une nonne furent tués, et trois marcheurs furent blessés. Lors d'une conférence, en 1996, on demanda à Ghosananda comment il aidait les gens qui marchaient avec lui à vaincre leur peur des explosions ou d'être pris pour cibles ; il répondit : «Je leur dis que nous irons simplement ensemble, pas à pas».

Dans notre marche pour ôter les tendances habituelles d'avidité, de haine, et d'illusion, nous trouvons souvent le pouvoir de le faire solidairement. Nous pouvons nous aider mutuellement, en faisant ensemble ce que chacun d'entre nous pense ne pas pouvoir faire seul. Dans les textes bouddhistes, «avoir de bons amis» est présenté comme une puissante force contribuant à nourrir les qualités positives, comme l'amour ou la sagesse. Avoir de bons amis, maîtres, mentors, une bonne communauté, nous aide en nous fournissant un sentiment de solidarité, des valeurs partagées, un soutien mutuel, une inspiration et un souvenir réciproques.

Maha Ghosananda a dit : «Notre marche pour la paix commence aujourd'hui et chaque jour. Nous ne serons jamais découragés. Nous marcherons lentement, lentement, pas à pas. Chaque pas sera "une prière". Nous pouvons faire ce voyage, pour enlever les mines, intérieures extérieures, pas à pas. Chaque pas tisse une partie de l'ouvrage du voyage. En marchant ensemble, nous pouvons faire beaucoup pour apaiser notre propre souffrance, et aider à apaiser la souffrance des autres.

Voir Profondément

AUNG SAN SUU KYI a déclaré : «Ceux qui ont dû faire face à la persécution politique deviennent hautement politisés. Notre vie devient différente de celle des gens qui, quand ils se réveillent, n'ont pas à se demander qui a peut-être été arrêté au cours de la nuit, et quels actes d'injustice criante vont être commis contre le peuple au cours de la journée. Nos antennes deviennent hautement sensibles aux vibrations que ne décèlent guère ceux dont l'existence quotidienne est éloignée du combat politique». Ce niveau de sensitivité, acquis par réaction au danger, est le lot de ceux dont la vie est une souffrance quotidienne. La sensitivité sert à nous faire rechercher un abri pour notre sécurité, mais elle peut être aussi un instrument sur la voie de la libération spirituelle.

Ceux qui, dans leur enfance, ont subi toutes sortes de mauvais traitements, ou ceux dont les parents étaient alcooliques, parlent de la même façon de l'acquisition d'une sensitivité élevée à tout ce qui se passe autour d'eux. Cette sensitivité extrême vient du fait qu'eux aussi, comme ceux qui doivent constamment faire face à la persécution politique, ne savent pas quelles injustices vont être perpétrées contre eux, ni quand. Les enfants qui sont élevés dans une atmosphère traumatisante, apprennent à voir les signes subtils de danger, à chercher les menaces non dites, mais réelles. Ils sentent les réalités cachées dans leur foyer – réalités qui passent inaperçues, pour leurs amis ou leurs voisins.

Les adultes qui sont opprimés dans notre société – minorités privées de droits civiques, et groupes «diabolisés» – décrivent souvent la même sensitivité accrue. Ils prennent l'habitude de lire dans les canaux non-verbaux de communication, qui peuvent signaler le danger : ton de la voix, gestes, et expressions faciales, qui ne correspondent pas aux mots proférés. Dans des situations où ils ne disposent guère de pouvoir pour guider activement le cours des événements, ils sont forcés d'avoir l'œil et l'oreille fortement exercés, simplement pour se protéger.

Naturellement, la vie de tout un chacun comprend quelque chose des circonstances qui créent cette faculté de sensitivité. Toutes les relations sont une alternative d'équilibre et de déséquilibre. La plus grande part de la réalité est cachée, non dite, inexprimable. La vie est pleine de passages dans l'inconnu, d'endroits mystérieux et effrayants. Nous y pénétrons souvent avec nos antennes subtilement à l'écoute des dangers possibles.

La sensitivité à l'inconnu peut être utilisée, non pas simplement de façon défensive pour anticiper un danger potentiel, mais aussi spirituellement, pour discerner des niveaux de réalité qui n'apparaissent pas au premier coup d'œil. Quand nous explorons les circonstances qui nous environnent, avec notre conscience exercée à sentir ce qui est réellement vrai, nous dirigeons nos efforts d'une façon plus subtile pour vaincre l'ignorance ; en conséquence, nous sommes capables de nous éveiller à la pleine richesse de nos vies. Pour ceux dont la vie a nécessité le développement d'une telle sensitivité – même si c'est à cause d'une grande souffrance – cela peut mener à une profonde guérison personnelle.

Quelles qu'aient pu être nos expériences au cours de notre vie, nous pouvons trouver un refuge dans la vérité spirituelle, où rien ne doit rester caché, secret. Ayant trouvé un refuge véritable, nous pouvons nous servir des talents qui sont peut-être nés dans la peur, et les utiliser courageusement pour nous ouvrir continuellement à une réalité plus profonde. Ayant découvert la sécurité à l'intérieur, nous découvrons aussi la foi pour risquer cette ouverture.

Ceux qui ont été très blessés ou marginalisés de quelque façon, peuvent en réalité nous servir puissamment de maîtres, en nous faisant penser à regarder plus profondément en toute chose. Ils peuvent être ceux qui font que l'injustice est appelée injustice, que ce qui était oublié est redécouvert, que ce qui était perdu de vue est retrouvé. Ils peuvent nous montrer que personne ni rien ne doit légitimement être rejeté de notre conscience.

Très Heureux

L'UN DE MES MAÎTRES, Nyoshul Khen Rinpoche (appelé «Khenpo» par ses disciples), fut l'un de ces milliers de Tibétains qui durent fuir leur pays en 1959, à cause de l'invasion du Tibet par les Chinois, et des terribles persécutions qui s'ensuivirent. Au Tibet, Kenpo avait été un lama de haut rang, et l'héritier de tous les enseignements sacrés des différentes écoles et lignées du Bouddhisme tibétain. Au cours d'une retraite qu'il dirigea aux Etats-Unis de nombreuses années après qu'il eut quitté le Tibet, il entreprit de nous raconter comment il avait quitté sa famille, ne sachant pas s'il la reverrait un jour, car il s'établit en Inde avec soixante-dix autres personnes.

Une nuit, alors que le groupe traversait les montagnes, des soldats chinois leur tendirent une embuscade, leur tirant dessus avec des mitrailleuses. Il n'y eut que cinq personnes qui survécurent à l'attaque, et qui purent s'enfuir en Inde, empruntant de dangereux défilés montagneux. Peu après son arrivée, Khenpo se rendit à Calcutta, et trouva un endroit où dormir dans un monastère bouddhiste. Il nous dit qu'il mendia dans les rues de Calcutta, pour pouvoir boire un peu de thé.

Cela déchirait le cœur, que d'écouter Khenpo parler de ces circonstances traumatiques : la persécution chinoise – l'humiliation, la torture, et la mort de nombreux Tibétains ; le chagrin d'abandonner ceux qu'on aime ; le massacre des compagnons de Khenpo ; la terrible épreuve physique de la fuite. L'image de ce maître, que j'aimais tant, mendiant, privé de tout confort physique, était trop dure à supporter. Je me mis à pleurer ; je vis que plusieurs autres personnes pleuraient aussi.

Alors, Khenpo finit cette histoire de mendicité à Calcutta avec cette phrase : «Et j'étais très heureux». Mon esprit fit un arrêt brutal. Très heureux ? Il a dit : «Très heureux ?» Je n'en croyais pas mes oreilles ! Cet homme était dépouillé de tout, réduit à la misère, réfugié – comment pouvait-il être «très heureux» ?

Khenpo continua, disant qu'il fut soutenu pendant tous ces événements et revers du destin, par la vérité des enseignements du Bouddha. Il était passé de la position de maître religieux estimé au Tibet, comblé d'honneurs, s'adressant à des multitudes d'aspirants spirituels, à l'état de misérable mendiant sa subsistance dans les rues étouffantes de Calcutta, entouré par la pauvreté et le désespoir. Puis, par la suite, il passa de l'Inde aux Etats-Unis, où il fut à nouveau reçu comme un maître. «Tant de hauts et de bas – qui pourrait les décrire ?», dit Khenpo. «La vie n'est-elle pas une série de rêves dans un vaste mirage onirique ?» Après son discours, mon esprit était encore chancelant. C'est très souvent que nous pouvons saisir une lueur de bonheur ou de liberté, chez quelqu'un, qui ne dépend pas des conditions ; au contraire, il nourrit même ce bonheur et cette liberté de ses souffrances prodigieuses. L'amour et la dévotion pour les enseignements du Bouddha que Khenpo avait de façon si intense, avaient produit ce bonheur profond, au cœur même des défis inconcevables qu'il devait relever.

La paix intérieure de Khenpo au milieu de ces circonstances difficiles, ne diminuait pas la réalité de ce qui lui arrivait – la souffrance à laquelle sont confrontés ceux qui se sont exilés. Il n'y avait pas en lui non plus la moindre trace d'autosatisfaction, eu égard à la souffrance des autres réfugiés, des mendiants, des pauvres qu'il rencontrait à Calcutta. Bien qu'il fût «très heureux» et en paix au milieu de ses souffrances, il n'était pas oublieux du tourment des autres ; il se vouait à aider ses compatriotes tibétains, et à faire connaître les enseignements du Bouddha aux autres. Le bonheur de Khenpo est une célébration des enseignements du Bouddha, une célébration de l'esprit humain, et une évocation de la possibilité de notre joie illimitée.

Le Présence de la Patience

AU COURS DES SEMAINES qui suivirent l'inauguration de l'Insight Meditation Society, nous reçûmes de nombreuses demandes d'information. Parmi toutes ces lettres, il y en a deux qui méritent d'être signalées, pour la façon dont le nom de notre association était transformé. L'une avait été adressée à «The Hindsight Meditation Society», semblant suggérer que notre vision était parfaite, 20/20, ou que nous avions lancé l'IMS «avec du recul» (*hindsight* signifie «après coup», «recul», «sagesse que donne le recul»). L'autre, qui m'intrigua encore plus, était adressée à «The Instant Meditation Society». Formidable ! J'imaginais un emballage de méditation déshydratée, à laquelle on aurait simplement besoin d'ajouter un peu d'eau – mélangez le tout, et vous obtiendrez la paix instantanée de l'esprit. L'amusant de l'affaire, c'est que la partie «instantanée» de la méditation est *cet* instant – puis l'instant suivant, et encore le suivant. Et l'ingrédient le plus important dans la «méditation instantanée», dans ce sens, c'est la patience.

Cette patience est constance – la volonté consistante d'utiliser ce moment de réalité comme véhicule pour la sagesse et la compassion. La patience ne consiste pas «à prendre son mal en patience» et à dire : «Je supporterai cela encore cinq minutes parce que je suis sûr que ça ne vas durer plus, et que quelque chose de meilleur viendra.» La patience n'est pas sévère, ni malheureuse. C'est une connexion authentique avec tout ce qui arrive maintenant. La patience est un grand pouvoir. Le Bouddha disait que c'est à la fois la plus haute austérité, et la forme de dévotion la plus élevée.

La patience est une force inflexible, que nous appliquons à chaque moment. Elle n'a rien à voir avec «succomber à», une reddition complaisante, ou une «attente» interminable. La patience ne signifie pas être captif du moment ; elle ne signifie pas non plus que nous devions accepter tout ce qui vient, sans jamais prendre de mesures pour changer les choses. Si le moment exige que l'on prenne telle mesure, on doit le faire. Ce qui importe le plus, c'est la façon dont on agit.

La patience est en fait très simple. Elle signifie une connexion au moment pleine et ouverte – une connexion qui implique une formidable intégrité.

Notre conscience culturelle est tellement centrée sur des choses qui arrivent instantanément, que c'est une tâche importante pour nous que de cultiver cette sorte d'implication sans réserve dans chaque moment. Nous semblons toujours penser à ce qui va se passer après. Un ami me raconta une fois une histoire au sujet d'un jardin potager qu'il avait quand il était petit. Il y planta des carottes, mais il fut si excité de voir les petites pousses vertes sortir, qu'il déracina les carottes, pour voir comment elles poussaient. La pratique de la patience, c'est d'apprendre à être présent au moment, tandis que les choses prennent le temps qui leur est propre.

C'est le genre de patience que nous utilisons dans la pratique de la méditation. Mon maître Munindra disait souvent : «Dans la pratique de la méditation, le temps n'est pas un facteur. Ce n'est pas quelque chose d'important dans ce processus. La pratique est intemporelle.» Placer la pratique spirituelle dans un contexte de temps signifie anticipation, déception, attente, et trahison. C'est comme semer des carottes, et essayer de faire en sorte qu'elles grossissent plus vite qu'elles ne le peuvent en réalité. Elle croissent dans leur propre temps, et à la façon qui leur est propre. Nous semons la graine, nous la nourrissons, nous l'arrosons, nous la laissons exister.

Dans notre vie quotidienne, le cœur de la patience peut se manifester comme la résolution de faire simplement ce qui doit être fait. J'ai une amie qui a une fille chez qui on découvrit une tumeur cérébrale. La tumeur était bénigne, mais vu l'endroit où elle était placée, elle était considérée comme mortelle. Deux opérations chirurgicales, dont l'une dura onze heures, échouèrent. Mon amie emmena sa fille chez un neurologue réputé, qui lui dit que c'était sans espoir. Il estimait que – au bout d'un déclin mental et physique irrémédiable – la belle enfant de mon amie mourrait – pas plus tard que dans deux années.

Mon amie n'abandonna pas la partie, mais patiemment, et avec détermination, elle continua sa recherche de traitements. Elle trouva un neurologue qui proposa un type particulier de rayons. Le traitement, en combinaison avec d'autres méthodes, commença à diminuer la tumeur. Quand les examens montrèrent que la taille la tumeur diminuait, le médecin, avec tous ceux qui se trouvaient dans la pièce, fondit en larmes. La tumeur finit par disparaître. Lorsque j'ai félicité mon amie de ne pas avoir baissé les bras, d'avoir cherché avec espoir de nouveaux traitements pour sa fille, elle me répondit simplement que c'est ce qu'elle devait faire, à ce moment là. C'est la patience.

Quelles que soient les circonstances dans lesquelles nous pouvons nous trouver, l'aptitude à être avec chaque moment, à faire ce que nous avons à faire, et à laisser le processus se développer, est vraiment l'une des forces les plus grandes. Que ce soit dans notre vie ou dans notre pratique de la méditation, nous sommes soutenus par l'attachement courageux à la patience, et par la volonté d'être présents à ce moment de notre vie.

Le Bonheur de Donner

L'UN DE MES AMIS avait un grand-père qui émigra en Amérique au début du siècle. Cet homme, comme beaucoup d'immigrants d'Europe Orientale, débarqua à New York, et s'établit à Ellis Island. Il avait fait le voyage avec l'un de ses meilleurs amis, dont la destination était un autre lieu des Etats-Unis. Ils avaient beaucoup d'amitié l'un pour l'autre, et avant de se séparer, ils voulurent se donner réciproquement quelque chose comme souvenir. Mais ils n'avaient rien, à part les vêtements qu'ils portaient ; aucun des deux n'avait le moindre bien qu'il pût donner à l'autre – mais ils trouvèrent quelque chose. Chacun détacha l'étiquette sur laquelle était inscrit son nouveau nom américain, et le donna à l'autre. En échangeant leurs noms, leurs identités, ils partageaient d'une certaine façon leur avenir inconnu ; ils resteraient liés à travers toutes les vicissitudes futures par lesquelles passeraient les générations à venir.

J'aime cette histoire, parce qu'elle exprime à merveille le fait que nous avons toujours quelque chose que nous pouvons offrir, et que le cadeau le plus grand, c'est la volonté de se connecter à la vie de quelqu'un d'autre – d'en prendre soin. La générosité est née de notre esprit, et ne concerne guère les biens matériels que nous pouvons offrir ou pas. En Inde et en Birmanie, je fus l'objet de l'incroyable générosité de nombreuses personnes qui avaient bien peu de choses à offrir. Certaines cultures, en revanche, sont riches en biens matériels, et sont plus réticentes quand il s'agit de donner. Une étude récente a montré que Los Angeles, qui compte l'un des pourcentages les plus élevés de gens riches, est la lanterne rouge en matière de philanthropie. Minneapolis, qui est plutôt une ville de la «classe moyenne», vient en tête. La générosité dont nous sommes capables est une affaire de cœur.

Le Bouddha a dit qu'aucune spiritualité n'est possible sans cette générosité du cœur. La générosité, enseigna-t-il, est la qualité primordiale d'un esprit éveillé. La pratique de la générosité nous libère du sentiment d'isolement qui naît de l'attachement et de l'avidité. Quand nous croyons que nous sommes seuls, nos cœurs se resserrent. Alors, il nous est difficile de nous sentir en harmonie avec nous-mêmes, et nous pensons que nous n'avons rien de spécial à offrir. En outre, parce que nous cherchons nous-mêmes à l'extérieur quelqu'un ou quelque chose qui puisse nous donner un sentiment de plénitude, nous perdons de vue le fait que nous possédons déjà l'intégrité, que nous sommes complets.

Quand l'intention de donner naît en nous, il y a souvent un sentiment de peur qui apparaît en même temps. Cela peut être la peur de manquer, ou de voir notre don rejeté. Nous pouvons penser : «Je n'ai rien qui soit digne d'être offert», ou «quand j'aurai gagné à la loterie, je pourrai être généreux, mais pour le moment, je ne peux rien donner». Avec l'attention consciente, cependant, nous pouvons voir que nos peurs sont transparentes, qu'elles n'ont pas de solidité véritable, et qu'elles ne doivent pas nous retenir. Quand nous réalisons que ces états de peur sont des pensées conditionnées qui ne doivent pas déterminer nos actions, nous commençons à voir l'extraordinaire capacité de générosité qui réside en nous.

Le don véritable est une chose très joyeuse à accomplir. Nous éprouvons du bonheur quand nous avons l'intention de donner, dans l'acte même de donner, et dans le souvenir du fait que nous avons donné. La générosité est une célébration. Quand nous donnons quelque chose à quelqu'un, nous nous sentons reliés à lui, et notre engagement dans la voie de la paix s'approfondit. Le mouvement du cœur quand nous pratiquons la générosité dans le monde extérieur, reflète le mouvement du cœur quand nous abandonnons les opinions conditionnées à notre sujet, au cours de notre voyage intérieur. Lâcher prise crée un sentiment joyeux d'ampleur dans notre esprit. De la sorte, notre travail intérieur et notre travail extérieur, s'unissent pour créer une générosité d'esprit, qui est l'expression de la liberté.

Emerveillement

LA PREMIÈRE FOIS que je me rendis en Inde, en 1970, j'ai traversé l'Europe, la Turquie, l'Iran, l'Afghanistan, et le Pakistan. J'avais dix-huit ans, et je n'avais jamais fait de voyage de plus de quelques centaines de kilomètres, depuis ma maison de New York. Je me rappelle quand je suis arrivée sur les rives du Bosphore, en Turquie. Je regardais de l'autre côté du détroit, du côté Asiatique, me demandant à quoi il pourrait bien ressembler, et me sentant imprégnée d'un sentiment puissant de respect craintif, et d'aventure. Debout au bord de ce bras de mer, je ne soupçonnais pas que les peuples, les cultures, et les traditions spirituelles de l'Asie, deviendraient le centre de ma vie. Je savais seulement que j'étais à la recherche d'un bonheur plus grand, et que j'étais prête à m'ouvrir à ce qui se présenterait.

Ce sentiment d'ouverture et d'émerveillement ressemble beaucoup à la façon dont nous devons aborder la méditation. Notre émerveillement nous donne le courage de voyager, de quitter ce que nous connaissons, et d'aller dans ce qui n'est pas familier. Le monde du silence et de la compréhension intuitive dans lequel nous entrons en méditation est peut-être différent de tout ce que nous avons pu connaître auparavant. Il n'est pas rempli de fragments de la connaissance statique à laquelle nous nous sommes attachés, ou que nous utilisons, pour nous protéger de l'expérience totale de la vie.

Et comme beaucoup de voyages, la méditation n'est pas un processus linéaire, progressif ; nous ne savons pas toujours exactement où nous allons, ni même ce que nous cherchons. En Birmanie, j'ai entendu raconter l'histoire d'un chasseur qui va dans la forêt pour essayer d'attraper un oiseau. Il erre longtemps dans la forêt, et il n'arrive pas à capturer l'oiseau. Mais tout est pour le mieux, car au cours de toute cette errance, il a appris à connaître la forêt. C'est tout à fait ce qui se passe dans la méditation. Nous pouvons bercer l'idée qu'il y a quelque chose que nous aimerions capturer, peut-être quelque chose dont nous pouvons faire exhibition. Mais une expérience de méditation que nous pouvons réifier est sans importance. Ce qui importe, c'est que nous nous ouvrions à la connaissance du corps et du mental. Ce qui importe, c'est que nous apprenions à explorer, à faire ce voyage de découverte, en harmonie avec notre connexion à tous les êtres.

Quand nous apprenons à voir à travers les conventions de nos façons ordinaires de considérer les choses, nous pouvons pour un temps être plus conscients de ce que nous avons perdu, que de ce que nous avons trouvé. Lors d'un voyage de retour, du Nouveau-Mexique à la Côte Est, en compagnie d'amis qui avaient un enfant de quatre ans, nous nous retrouvâmes à l'aéroport de Saint-Louis. Là, la fillette s'éloigna sans que nous nous en apercevions, et se perdit.

Nous nous mîmes frénétiquement à sa recherche. Finalement, nous entendîmes cette annonce par haut-parleur : «Vous êtes priés de venir rechercher votre fille à la Porte 2». Quand nous y fûmes, nous trouvâmes l'enfant, bouleversée et effrayée. Elle dit à sa mère : «Tu n'étais pas là où il fallait.» En réalité, sa mère n'avait quitté l'endroit où elle devait être, et c'est la petite fille qui s'était égarée. L'incident me remit en mémoire l'impression de trahison et la peur que nous éprouvons, quand nous découvrons que le bonheur n'est pas là où il était censé être. On nous a dit que le bonheur se trouve dans certaines choses : relations, travail, argent, endroit particulier. Et ainsi, quand nous ne sommes pas heureux, nous pensons que nous devons être perdus. Nous pensons que c'est nous qui n'allons pas bien, et non le chemin que nous avons emprunté. Cependant, grâce à la méditation, nous pouvons voir qu'il y a d'autres lieux dont on ne nous a peut-être pas parlé, où la joie et le contentement résident aussi. Et ainsi, nous sommes libres d'abandonner nos vieux modèles et nos vieux pièges, pour parcourir un nouveau paysage.

Quand nous abordons la vie avec émerveillement, cela nous donne le courage d'ouvrir nos cœurs encore et encore, en sorte que nous trouvions un bonheur plus grand que celui que nous avons connu. Il y a de la magie dans l'émerveillement, dans l'amitié avec le silence, dans l'espace entre les souffles, dans la découverte du don splendide qu'est la connexion. Par la pratique de la méditation, nous parvenons à découvrir les choses cachées, à réclamer les cadeaux oubliés.

Nous ne trouvons pas toujours les mots pour exprimer ce qui nous arrive en méditation. C'est aussi bien, car parfois les mots ne servent qu'à codifier ce qui est changeant et vivant. La danseuse Isadora Duncan disait : «Si je pouvais dire ce que je veux dire, il ne servirait à rien de le danser». Quand nous ne pouvons capturer la liberté pour en faire un trophée personnel, la seule chose qui nous reste, c'est d'être libres ; nous ne pouvons la réifier, nous pouvons seulement la danser. Quand nous nous inquiétons au sujet de la signification de certaines expériences, quand nous essayons de les représenter, de les expliquer, nous finissons par créer un sentiment de distance, et par utiliser notre connaissance comme un moyen d'empêcher l'ouverture.

La venue d'un sens de l'émerveillement dans notre vie, grâce à la méditation, nous permet de danser avec tout ce que nous éprouvons, quand nous allons dans l'inconnu et le non-familier. Dans la tradition taoïste, il y a un adage :

> Approche-le et il n'y a pas de commencement ;
> suis-le et il n'y a pas de fin.
> Tu ne peux le connaître, mais tu peux l'être,
> apaisé dans ta propre vie.

Aller de l'Avant

J'AI PLEURÉ quand Dipa mourut, pensant : «Personne ne pourra plus jamais m'aimer ainsi». Mais ce que j'ai découvert, c'est que cet héritage d'amour qu'elle avait légué, faisait maintenant partie de moi. L'inspiration de ses paroles et de ses actions guide encore ma vie, m'enseignant, quand j'enseigne aux autres.

L'un de mes souvenirs préférés au sujet de Dipa Ma, c'est, au début des années soixante-dix, alors que moi et mes amis étions en Inde, pratiquant la méditation avec ardeur. L'un de mes amis reçut une lettre de sa mère, qui était furieuse qu'il fût en Inde, à pratiquer le Bouddhisme. Elle disait : «Je préférerais te savoir en enfer, que là où tu es.» Il fut choqué, et ne savait que répondre. Il en parla à Dipa Ma, et chaque fois qu'il la rencontrait après cela, elle lui demandait : «Comment va votre mère ? Va-t-elle mieux ? Quand vous méditez, lui envoyez-vous votre sollicitude aimante ?» Par la suite, Dipa Ma donna à mon ami un billet de cent roupies, dont un étudiant lui avait fait donation. A cette époque, cent roupies valaient douze dollars, ce qui était beaucoup d'argent pour Dipa Ma. Elle le lui donna, disant : «Allez acheter un cadeau, et envoyez-le à votre mère.» L'un des enseignements du Bouddha dit que si l'on est en colère contre quelqu'un, on doit lui faire un cadeau. Cet enseignement multimillénaire devint vivant pour mon ami par le biais de cette femme, qui possédait elle-même si peu, et lui fournissait l'argent nécessaire à ce geste de réconciliation.

Je me souviens de Dipa Ma non seulement comme maître, mais comme femme, comme mère, comme grand-mère. Une fois, quelqu'un lui demanda si elle considérait ses préoccupations «mondaines» comme un obstacle. Elle dit : «Il n'y a pas d'obstacle parce que dans tout ce que je fais, il y a la méditation. Elle ne me quitte jamais. Même quand je parle, je médite. Quand je mange, ou que je pense à ma fille – cela ne fait pas obstacle à ma méditation.» Quand elle visita les Etats-Unis avec sa famille, je me souviens de l'avoir vue jouer avec son petit-fils, Rishi, riant tant et plus, puis se lever pour enseigner la méditation à quelqu'un. Après, peut-être, elle lavait ses vêtements à la main, et les mettait à sécher. Elle pouvait faire des méditations en marchant, puis revenir s'asseoir à la maison. Rishi courait partout, la fille de Dipa Ma faisait la cuisine ou regardait la télévision, avec le son à plein volume. Et Dipa Ma méditait, au beau milieu de tout cela. Chaque fois que quelqu'un s'asseyait devant elle, elle ouvrait les yeux, et inondait la personnes de bénédictions.

Bien qu'elle mesurât à peine 1, 60m et qu'elle fût de santé fragile, Dipa Ma avait une énergie prodigieuse. Je me souviens d'elle comme d'un guerrier dynamique dans la pratique, et d'un maître très exigeant. Quand Joseph Golstein et moi vînmes la voir en Inde peu de temps avant sa mort, elle proposa que nous asseyions en méditation pendant deux jours. Elle ne voulait pas dire une retraite de deux jours, mais deux jours de méditation non-stop ! Nous pensions tous deux que nous ne pourrions pas faire cela (et je me demande si elle pensait réellement que nous en étions capables). Mais comme nous commencions à protester, elle dit simplement : «Ne soyez pas paresseux.»

J'entends encore sa voix qui me chuchotait de m'élargir pour trouver ce dont je suis réellement capable, spécialement quand je me sens limitée, quant à la quantité d'amour et de compassion que je peux éveiller. Comme pour nous tous, ma capacité d'amour, de sollicitude aimante, excède de loin mes idées sur mes capacités à ce sujet. Quand je me trouve hésitante, n'allant pas de l'avant pour manifester la connexion dont je suis capable, je vois l'image de Dipa Ma, ouvrant les yeux et bénissant quelqu'un, ou offrant à mon ami cet argent, pour qu'il achète un cadeau pour sa mère, ou je l'entends me dire : «Ne soyez pas paresseuse.» Alors, je vais de l'avant.

Achevé d'imprimer sur les presses de
PUBLIGRAPHIC
138, av. des Français Libres - Laval
Dépôt légal 1er semestre 1998